JN411228

아름다운 몸부림

아름다운 몸부림

강병숙 수필집

예솔

책을 내면서

몇 년 전 첫 수필집『아버지의 유산』을 내면서 많이도 망설였습니다. 책이 나가고 긴장된 나날을 보내고 있는데 글을 주신 분들은 외려 칭찬을 아끼지 않았습니다. "잘 썼다. 감동이다. 무궁한 발전을 빈다." 격려차 하는 소리겠지만 큰 힘이 되었습니다. 일하다가 체력이 달려도 기운을 얻을 수 있었고 나들이를 하다 길이 헷갈려도 자신감이 생겨 밀고 나갈 수 있었습니다. 무리한 욕심이 생기면 한 번쯤 돌아봐야겠다는 생각이 저도 몰래 머리를 스치기도 했습니다.

나이 들어가면서 책 읽는 일이 소일거리가 될 줄은 상상도 못 했습니다. 그만큼 우리 삶의 질이 좋아서이겠지만 몸에 밴 나의 습관도 빼놓지 못합니다. 아침에 눈을 뜨면 제일 먼저 하는 일은 책을 집어 드는 것입니다. 그렇게 해야만 하루 일이 시작되는, 제 나름의 순서라 하고 있습니다. 문틈으로 밥 타는 냄새가 들어오면 책을 손에 쥔 채 뛰어나갑니다. 영락없이 손해를 보는 날이지만 나만의 재미고 남이 모르는 행복입니다.

봉투 겉면에 우리 집 주소를 쓰고 그 밑에 제 이름을 써 책을 보내 주신 분을 생각하면 그렇게라도 해야 보답을 하는 것 같아 챙기다가 습관이 돼 버렸습니다. 작은 것에도 감사한 마음이 생기고 퇴색된 순수함도 다시 불러들이는 게 책이라는 걸 읽으면서 깨닫습니다.

수필 공부를 할 때 선생님은 글을 쓰기 전에 사람이 되라고 하셨습니다. 선명하게 귀에 남아 있지만 아직도 덜된 나를 보면 부끄럽습니다.

올해 초등학교 입학하는 손녀는 이런 말을 했습니다. 연초록이 무성한 5월 처음으로 학교에 갔는데 담임 선생님이 얼굴 한번 보여 달라고 해 마스크를 잠깐 벗었다고요. 제 아비와 통화를 하는 중간에 끼어들어 그 말을 하는데 가슴이 먹먹해, 어떻게 보여 주었냐고 꼬치꼬치 물으면서 마음을 진정시켰습니다. 한 학년을 같이할 선생님께 얼굴 한번 보여준 게 뭐가 그리 스스로 대견해 말꼬리를 올리며 자랑삼는 그 천진함. 먼 훗날 글감이 될 것 같습니다.

정성 들여 책을 만들어 주신 예솔 김재선 대표님과 심영지 편

집자 외 여러분 수고하셨습니다. 늘 응원해 주시는 문우님들도 고맙습니다. 용기를 주는 남편, 아들과 사위, 며느리, 딸 그리고 손주들. 소중한 가족이고 저에게는 힘입니다. 고맙고 사랑합니다.

2020년 가을

강 병 숙

차례

소리도 없이 왔다 간 사람

아름다운 몸부림

순간을 벅차게

영원한 선물

어머니의 노래

소리도 없이 왔다 간 사람

이러다간

지방에 다녀올 일이 생겼다. 차표를 알아보려고 인터넷을 뒤지는데 별안간 손이 빠른 아들이 떠올랐다. 내친김에 얼른 문자를 보냈더니 쪼르르 답이 오면서 알아보겠단다. 약간의 시간이 지나고 아들은 KTX 표를 끊겠다며 몇 시가 좋으냐고 물었다. KTX는 차비가 두 배인데 싫어 그냥 일반 열차를 끊으라고 했다.

기다렸다는 듯 또 문자를 보내온 아들은 일반 열차는 장시간을 가야 하는데 왜 하필 그걸 타느냐며 시간도 돈이라면서 빠른 쪽을 택하겠단다. 더 우길 수가 없어, 지고 있는데 네모반듯한 차표는 휴대전화 속으로 들어왔다.

좁쌀 같은 글자를 손가락으로 쭉 쭉 밀어가며 보는데 미덥지가 않았다. 종이로 된 차표를 손에 쥐고 타고 내린 기억만 떠올라 기기 속 표는 영 낯설었다. 다음 날 나가는 길에 역에 들러 역무원에게 휴대전화 속을 보여주었다. 역무원은 내 속을 환히 아는 것처럼 꼼꼼히 보더니 그날 전광판에 뜨는 열차 번호를 확인하라면서 나를 안심시켰다.

그 후부터는 전화기를 조심스럽게 다루었다. 표가 날아가도 안 되지만 언젠가 전화기를 잃어버려 애를 먹은 경험이 있어 꼭 필요한 일이 아니고는 함부로 다루지 않았다. 드디어 떠나는 날이 다가왔고 아침 일찍 용산역으로 갔다. 며칠 전 그 역무원이 보이면 좋겠다 싶었지만 그것은 내 생각이었고 어떤 역무원도 만날 수가 없었다.

전화기를 꼭 쥐고 멀뚱멀뚱하는데 오른쪽에 커다란 전광판이 있었다. 눈을 동그랗게 뜨고 도착역을 찾기 시작했다. 얼른 눈에 들어오지 않아 잘못된 게 아닌가 하고 다시 아래위를 훑는데 며칠 전 역무원이 말한 열차 번호가 보였다.

세 자리 숫자를 입안에다 감추고 타는 곳으로 갔다. 출발역이어서인지 열차는 이미 대기하고 있었다. 그래도 물어보고 싶은데 마음 가는 사람이 없었다. 조금은 두려운 마음으로 차에 오르니 차내 방송에서 전화기 속 차표가 맞다고 확인해 주었다. 안정된 마음으로 자리에 앉아 밖을 보는데 옆자리에 어떤 사람이 올까 궁금해졌다.

몇 사람이 옆을 스쳐 간 뒤 초등학생 아빠쯤 돼 보이는 남자가 앉을 자세를 취했다. 몸을 약간 움직이며 눈인사라도 할까 하는데 그는 통화 중이었다. 끼어들 수가 없어 가만히 있었다. 조금 있다 다시 눈을 돌렸지만 그는 인사 같은 것은 안중에도 없는 듯 전화기만 만지작거렸다.

서먹했지만 한 살이라도 더 먹은 내가 이해해야지 싶어 창밖만 내다봤다. 그러는 새 옷차림을 단정하게 한 여자 승무원이 나타났다. 차표 확인을 하는 것 같아 전화기를 퍼뜩 꺼냈다. 그런데 빙 둘러본 승무원은 말 한마디 없이 그냥 지나가 버렸다. 군데군데 빈자리도 있고 두 자리가 통째로 빈 곳도 있었지만 그게 확인인지 아무렇지도 않게 가버린 것이다.

다음 역에 닿아도 색다른 일은 일어나지 않았다. 내리고 타는 사람이 자기 짐만 챙기면 그만이었고 변동이 있다면 처음에 나타난 역무원이 좀 더 빨리 지나가는 것이다. 비어 있는 자리에 누가 앉기야 하겠느냐만 잘못 앉을 수는 있을 텐데 한 치의 오차도 없는 게 그 안의 풍경이었다.

두 시간이 지나고 목적지 역에 닿아도 말소리는 들리지 않았다. 타는 곳에처럼 차표 보자는 일도 없을뿐더러 타고 내리는 사람들 짐도 간편해 예전처럼 무거운 보따리를 옮기면서 거들어 달라는 말도 없었다. 입 꾹 다물고 홀연히 빠져나가기만 하면 그만이었다.

하룻밤을 자고 돌아올 때도 그랬다. 시간 맞춰 나가 역 전광판에 뜨는 글자를 보고 차에 올라 자리를 찾으면 됐다. 좀 다르다면 내려갈 때와는 달리 옆자리가 한참을 비어있어 옆 사람과 인사를 해야겠다는 생각도 할 필요가 없었다.

그런데 서울이 가까워지면서 뜻밖에 일이 발생했다. 어린아이를 업고 걸린 아이 엄마가 말을 걸어왔다. 차표대로 앉으면 큰아이하고 떨어져 앉아야 하니 자리를 바꿔 달라는 것이다.

주섬주섬 짐을 챙겨 앞자리로 가는데 뒤에서 들리는 고맙다는 말이 왜 그리 정답던지, 이틀 동안 답답했던 가슴이 뻥 뚫리는 기분이었다. 비싼 차표를 끊어 말 한마디 하지 않고 서울에서 제법 먼 지방까지 다녀올 뻔했는데 그 아이 엄마가 내 입을 열게 해 줘 생기가 돈 셈이다.

이러다가 말이 필요 없는 세상이 오면 어떻게 될까. 지하철을 타도 모임 같은 데를 가도 휴대전화만 잡고 말을 하는 게 예의인 양 사람을 보며 하는 말은 별로 없다. 옆에 사람을 앉혀놓고 보이지도 않은 사람에게 "응 맞아, 그래그래" 하는 건 어제오늘 일이 아니다.

장거리를 가면서 느긋하게 앉아 옆 사람과 사는 곳도 묻고 세상 돌아가는 얘기도 하면서 큰 기적 소리를 듣던 지난날이 새삼 그립다.

(2018. 7)

소리도 없이 왔다 간 사람

콩죽을 끓이려고 불린 콩을 믹서에 갈았다. 부드럽게 간 다음 조금 전에 씻어 놓은 쌀을 같이 넣어 믹서를 몇 번 더 돌렸더니 알맞은 콩죽 재료가 완성되었다. 밑이 두꺼운 냄비에 그대로 붓고 불을 올리면서는 나무주걱도 옆에 갖다 놓았다. 끓이다가 어느 정도 열이 오르면 주걱으로 저을 요량이었다.

그런 다음 신문을 가지러 나갔다. 큰 책 넓이만 하게 접힌 채 현관 앞에 놓인 신문. 예전처럼 달랑 집어 오면 빠른데, 코로나19가 터지고부터 안으로 들이는 방법이 달라졌다. 집게로 집어 비닐봉지에 넣고 냉동실에 넣는다. 그날따라 집게가 보이지 않았다. 찾다 보니 시간이 지연되었고 주방으로 오니 그새 죽이 끓어오르고 있었다. 얼른 뚜껑을 열었지만 가스레인지 주변이 온통 허옜다. 발을 동동거려도 뾰족한 대책은 서지 않았다.

입에서는 "신문을 끊어버렸으면 이런 일은 없을 텐데." 군담이 나오고 '내일이라도…' 하는 생각만 머릿속을 파고들었다. 잠깐 사이 일어난 사고인데 신문에 화살이 가는 건 무슨 심보일까. 우리 동네에 코로나19 확진자가 다녀갔다는 뉴스를 듣고는 바깥에서 들어오는 모든 것에 신경이 곤두섰다. 우편물은 물론이고 심지어 책까지 눈이 가니 신문도 예외는 아니었다.

가지고 오는 사람이 어떤 사람인지도 알 수 없고, 다니면서 재채기를 할 수도 있을 것이고 내 물건처럼 다룰까 하는 의심도 들었다. 날만 새면 늘어나는 확진자 수도 마음 편히 앉아 신문을 펼 수 없게 했다. 실제 돌아가는 상황을 빨리 보느라 평소 잘 안 보던 텔레비전을 계속 틀어 놨으니 당분간 끊어도 별 아쉬움도 없을 것 같았다.

이런 마음이 수차례 들었으나 전화기를 들지는 못했다. 연일 들리는 뉴스도 우울한데 사회 분위기마저 위축된다고 하니 넣지 말라는 말이 차마 나오지 않은 것이다. 신문 한 부가 큰 것은 아니지만 끊게 되면 우리 집에 오는 발길을 막는 건 확실하니 나도 사회를 위축시키는 데 한몫할 것 같아서다. 요즘은 신문이 아니라도 소식을 들을 매체는 여기저기 있는데, 보는 집이 몇 집이나 되겠는가. 우리 집을 보고 먼 길을 달려왔을 게 분명하다.

콩죽이 소리도 없이 순식간에 끓어오르듯 신문을 넣고 가는 사람도 소리도 없이 왔다가 소리도 없이 간다. 그러니 여자인지 남자인지도 모르고 젊은 사람인지 나이가 지긋한 사람인지도 모른다. 현관문을 열어 신문이 있으면 왔다 갔구나 하고 없으면 아직 안 왔구나 했는데 그때까지 안 온 것은 아주 드문 일이고 대부분 내가 일어나기 전 꼭두새벽에 와 있었다.

코로나19는 예방법도 많이 들렸다. 드나드는 카톡방에 올라온 글에 의하면 바깥에서 들어오면 머리를 만질 때 사용하는 드라이기로 옷이고 가방이고 모든 소지품에 열을 가한다고 쓰여 있었다. 방법을 찾던 중이라 귀가 솔깃했는데 막상 신문에 대보려니 드라이기는 바람을 일으키는 미용도구라 가벼운 종이에는 오히려 해가 될 것 같았다. 그래서 생각해낸 게 전자레인지다.

잘 쓰지도 않는 전자레인지를 꺼내 코드를 꽂았고 일단 실험을 한번 해봤다. 신문을 비닐봉지에 넣어 레인지 안에 넣고 스위치를 틀었다. 시간이 짧기는 했지만 제일 염려한 불꽃은 일지 않았다. "옳다" 싶어 바로 그 방법을 실시했다. 처음엔 시간을 짧게 하다 차츰차츰 늘렸는데 온도가 높아져서인지 습기가 차고 한쪽 면이 젖었다. 그래도 그냥 바로 펴는 것보다 나아서 하긴 하는데 불꽃이 일지 않나 하는 염려는 머릿속에서 지워지지 않았다.

그러던 중 텔레비전을 보게 되었다. 어느 전문가는 바이러스는 지금보다 기온이 큰 폭으로 떨어져도 주춤해진다고 했다. 그 말을 들으니 냉동실이 퍼뜩 떠올랐다. 냉장고는 문만 열면 되니 번거롭지도 않고 걱정할 일도 없을 것 같았다. 그 후론 신문을 냉동실에 얼리는 작업을 매일 하고 있었다.

하필 신문 들이는 시간에 콩죽을 끓인 것이 화근이었다. 내 나름대로 이유는 있었다. 하루 전날 한 밥이 그대로 있었을뿐더러 좀 색다른 것도 먹고 싶었다. 늘 바깥에서만 지내다 집안에서 뱅뱅 도니 끼니때는 자주 돌아오고 먹고 싶은 것도 없다. 나가지 않는 것도 사회에 도움이 된다고 하니 냉장고만 파고들었다.

그것도 하루 이틀이지 냉장고 안 식품도 동이 났고 때만 되면, 이 궁리 저 궁리에 빠졌다. 그러다 베란다를 정리하면서 지난가을 콩 축제장에 가 사다 놓은 콩이 눈에 들어왔다. 퍼뜩 콩죽이 떠올랐다. 어린 시절 먹었던 기억도 나고 먹고 싶은 충동도 일었다.

이러고 보니 먹기는커녕 진탕 일거리만 만든 꼴이다. 끓어오를 때 소리라도 났으면 좀 덜할 텐데. 그 옛날 손두부를 만드는 어머니 옆에서 콩물이 소리도 없이 끓어오르는 걸 본 기억도 있으면서 지키지 못했다. 애먼 가스레인지만 닦느라 곤욕을 치렀다.

(2020. 3)

끝이 어딘가

비가 온다. 파란 나무 위에 쉴 새 없이 내리는 빗줄기가 연신 수직선을 긋는다. 농사를 짓는 사람들은 삽이나 곡괭이를 들고 들로 나가겠지만 이곳 사람들은 맹하니 바라보며 저 비의 목표는 끝이 어딜까 하는 눈빛이다.

자동차에서 내려 한참을 걸어오긴 했지만 창 너머에 저렇게 짙은 숲이 비를 맞는 일은 보기 드문 현상이라 오길 잘했다 싶다. 집에서 나설 때는 '갈까 말까?' 했는데. 비의 힘인지 빈자리가 많다. 어제만 해도 어느 틈에 내 자리가 있나 한참을 두리번거렸다.

이곳은 도서관이다. 맑은 유리 하나가 울이 되어 있고 초목 사이사이 하늘이 보인다. 비는 대지를 적셔주고 땅속으로 스며들면 그만일 게다. 그렇지만 이곳 사람들의 공부는 끝이 어딘지 보이지 않는다. 끝을 찾아 밤낮 노력하는 만학도가 여간 많은 게 아니다. 나 같은 사람이야 작은 뜻 하나를 좇긴 해도 큰 목표는 없다.

얼떨결에 시작했고 중간에 그만두면 끈기가 없는 것 같아 붙들고 있는 중이다.

어느 날이다. 나보다 나이도 어리고 미모도 출중한 친구는 한번 보라며 급수증 하나를 보내 주었다. 산책로에서 휴대전화로 본 한자능력급수증에는 알 만한 기관의 직인도 찍히고 예쁜 친구 얼굴도 들어 있었다. 한참을 보다가 장하다며 문자로 답을 주고는 크게 마음을 두지 않았다.

그런데 어느 날 일터에서 만난 친구도 그 급수증이 있다고 자랑삼아 얘기하는데 갑자기 내가 작아 보였다. 그에 말에 따르면 예전에 땄는데 요즘은 그걸 가지고 아이들을 가르치고 있고 수입도 제법 된단다. 마주 선 채로 왜 따지 않았느냐는 말을 슬쩍 흘리는데 부럽기도 하면서 산책로에서 본 그 급수증이 떠올랐다. 당장 해보기로 마음을 먹었다.

돌아오는 길에 마침 차가 대형 서점 앞을 지나기에 얼른 내려 올라갔다. 두툼한 책을 겁도 없이 집어 그 자리서 간단한 머리말을 읽었다. 마음만 먹으면 해 봐야 직성이 풀리는 성미인 나는 집에 들어서자마자 책을 폈다. 자세하게도 기록해 놓은 세부 사항. 해낼 수 있을까 싶으면서도 어느새 흩어져 있는 생각을 모으고 있었다.

두 달여 남짓 틈만 나면 책을 펴는 걸 반복하다가 시험장으로 갔다. 열기가 후끈 달아오른 시험장은 부모 손을 잡은 초등학생, 용기가 넘쳐 보이는 청년, 숨을 몰아쉬며 왔을 것 같은 할아버지 등 참 다양한 사람들이 여러 개 교실을 메우고 있었다. 내 이름이 붙어있는 책상을 찾아 자리에 앉으니 운전면허 시험을 보는 날처럼 몸이 후들거렸다.

눈매가 매서워 보이는 감독관 선생님의 주의 말씀은 긴장된 마음을 더 떨리게 했고 숨 가쁘게 답안지를 메웠다. 노력한 결과도 있었겠지만, 아는 글자가 더러 있어 몇 번은 그런대로 합격할 수 있었다. 그런데 급수가 막바지에 닿으면서 고개가 절레절레 흔들어진다. 책 두께만 봐도 무게감이 느껴질 정도니 알량한 자존심만 가지고는 턱도 없다.

끝도 없이 쓰고 읽어야 한다는 선배들의 조언은 이미 귀에 익숙해졌지만 퇴색된 기억력은 그 말도 어려운 글자처럼 아물아물하다. 문제가 객관식이면 외우기만 해도 도움이 될 텐데 나를 시험해 보려는 건지 거의 주관식이라 찍을 상황도 못 된다. '때려치워?' 하다가도 반듯한 급수증을 가지고 있는 친구들이 떠오르며 그럴 수가 없어 도서관까지 찾게 되었다.

학생들만 이용하는 줄 알았던 도서관. 내가 와 앉아 있을 줄이야 상상이나 했으랴. 아이들 키울 때 도서관에 간다면 정성스레 도시락을 싸준 기억밖에 없는데 이용객이 되었으니 좋아진 환경에 감사할 따름이다. 모두가 낯선 사람들이지만 가장자리가 자기 방인 양 매일 차지하는 중년 남자도 있고, 어머니 눈치를 보며 점심값을 타 왔을 것 같은 혼기가 꽉 차 보이는 여자도 있다. 비가 오는 날은 잘 보이지 않는 신사도 제법 나이가 든 축에 속할 것 같다.

공부가 길어진 젊은이들이 많다는 소리는 한두 번 들어본 말이 아니지만 교실마다 꽉 차 있는 걸 바로 앞에서 보니 내 공부는 아무것도 아니다. 눈만 뜨면 딱딱한 의자에 몸을 기대 일상처럼 살아가는 저들도 있는데, 저들을 보는 것만으로도 이미 큰 급수증을 딴 거나 다름없다. 모서리가 반들반들 닳은 책을 저들이 어서 내려놓고 세상 속으로 들어가길 빌어본다. 그러면 나도 시험이 끝이 나고 홀가분한 마음이 돼 있을 것이다.

(2018. 7)

긴 침묵

해마다 연말이면 어김없이 오는 문자가 있다. 자원봉사의 날 행사에 참석하라는 간단한 몇 자다. 올해는 시간이 빠듯했지만 참여할 수 있었고 많은 사람들은 구청 대강당을 메웠다. 특이하게도 올해는 텔레비전에서 볼 수 있는 명배우가 와 식이 거행되기 전 특강이 열렸다. 말이 특강이지 보통 사람이 살아가는 얘기였다. 오롯이 몸에 와닿는데 얘기 속에는 그 배우의 올바른 삶이 들어있어 숨소리도 나지 않은 강당에 눈동자만 반짝였다.

식이 시작되면서는 미처 못 들어온 사람들이 들어서니 발 디딜 틈이 없었다. 그 빼곡한 틈에서 내가 받을 봉사상은 금메달이었다. 봉사 시간에 따라 메달이 달랐는데 노리끼리한 금메달은 진짜 금붙이 같아 보였다. 금, 은, 동 중에서도 금메달이 제일 좋지만 나는 받을 때마다 드는 생각이 올해도 비껴가지 않았다. 주려면 메달 대신 차라리 생활에 꼭 필요한 뭔가를 주었으면 싶어서다.

받는 날 자리에서는 구청장님이 이름도 불러주고 사람들이 박수도 쳐 주니 제법 값져 보인다. 그런데 집에 갖다 놓으면 아무도 봐 주는 이가 없다. 동글납작하고 넓이가 간장종지 둘레만 한 메달은 금이건 은이건 동이건 아무 쓸모가 없다. 그렇다고 내다 버릴 수도 없어 모으고는 있는데 식구들도 본체만체한다. 가만히 두었다 이사를 할 때 꺼내는 게 전부다. 이사 갈 때 보면 쇠붙이 색깔도 새것일 때 같지 않고 짐을 챙기기에만 성가시다. 근래 들어 내리 몇 년을 받다 보니 개수는 늘어나 제법 된다.

지난해다. 다섯 살 손자는 어미를 따라와 이유도 없이 트집을 잡았다. 달래느라 마음에 들어 보이는 건 다 내밀었지만 고개를 저으며 시무룩하게 서 있었다. 제 어미가 안고 달래다 못해 서랍장을 열었다. 토끼가 금방 뛸 것 같은 그림책도 보여주고 만져도 괜찮을 것 같은 기기를 보여줘도 다 아니란다. 그러다 보이는 대로 "이거 줘, 저거 줘" 하다 메달을 들었고 그걸 본 아이는 손을 쑥 내밀었다.

마음대로 가지라고 했더니 다 꺼내었고 바로 목으로 가져갔다. 하나둘 걸기 시작해 몽땅 다 걸었다. 축 늘어진 메달은 금·

은 · 동이라 약간의 차이도 있고, 줄도 파랗고 노랗고 빨개 아이의 마음을 더 달구는 것 같았다. 아이 표정이 밝아지니 옆에서 보는 눈도 따뜻해져 왔다. 덮어놓고 필요 없다고 한 것이 미안하고 아무렇게나 내버려 둔 것도 미안했다.

그날이 계기가 돼 아이는 오기만 하면 서랍을 뒤졌다. 송두리째 목에 걸고 방으로 거실로 뛰어다닌다. 목에 거는 것, 메달이 앞으로 보이게 거는 것까지 많이 본 행동이다. 제 어미더러 쳐다보라고도 하고 손을 번쩍 들어 싱글벙글 웃으면서 사진을 찍으라고도 한다. 더 즐거우면 혼자서도 웃는다.

메달을 걸면 남보다 으쓱해 보이는 걸 어떻게 알았을까. 어린이집에서 가르쳤을까. 아니면 책에서 본 걸까. 아이 옆에서 웃고 있는데 또 뭘 하려는지 메달을 거실에 쭉 늘어놓는다. 그러더니 하나, 둘 하면서 세기 시작한다. 가녀린 손가락으로 일일이 짚어가며 세다가 숫자가 막히면 어미를 빤히 쳐다본다. 어미 입에서 숫자가 나오면 다시 센다. 반쯤 벌어진 입은 세다가 막히는 것은 상관없고 수가 많을수록 좋아 보인다. 그런 다음 다시 메달 놀이로 들어간다. 보란 듯 걸고선 소파 위 제일 높은 곳에 서보기도 하고 내려와 식탁 의자에 얌전히 앉기도 한다. 좋아하는 걸 자꾸 하니 겸손해지는지, 다소곳해지는 느낌도 든다.

살다 보면 살림살이도 우리 집 메달 같을 때가 더러 있다. 장만할 때는 설레는 마음으로 샀지만 집에 갖다 놓으면 그냥 자리만 차지하는 것들이다. 이 집에 이사를 와서는 딸려 있는 냉장고가 그랬다. 기존 냉장고가 있는데 뭐가 필요할까 싶어서다. 아파트를 지을 때 옵션이라며 붙여 놓은 것인데 우리 집에는 없어도 될 가전제품이었다. 공동 주택은 개인 의사와는 상관없기에 알고는 있었지만 거부할 수 없었고 볼 때마다 자리만 차지하는 냉장고가 짐으로 와닿아 떼 내고 싶었다.

치워버리면 공간이라도 요긴하게 쓸 수 있는데 붙박이라 함부로 만질 수도 없었다. 쓰지도 않고 긴 나날을 함께 산 셈이다. 그러다 여름이 왔고 거들떠보지도 않은 냉장고에 슬슬 마음이 열린 건 장을 가리면서다. 장을 가리면 된장은 서늘한 곳에 두어야 하는데 그렇게 좁지도 않은 집이지만 갖다 놓을 만한 곳이 없다. 난방이 잘 돼 있는 데다 요즘 겨울은 모질게 춥지도 않다. 항아리를 들고 집 구석구석을 다녀도 낮은 온도가 있는 마땅한 장소는 없다.

단독 주택에 살 때 서늘하던 너른 창고가 한없이 그립다. 아무리 더운 여름에도 창고 문만 열면 땀이 식곤 했는데 이젠 그림의 떡이다. 집안도 훈훈한데 지난겨울은 추운 날이 손가락을 꼽아 봐도 몇 날이 안 된다. 필요 없다고 밀쳐둔 냉장고가 '써야겠다'

라는 새 이름표를 달고 빛을 내야 할 판이다.

해가 바뀌면서 아이는 한 살 더 먹었지만 메달 사랑은 변함이 없다. 냉장고 전기 코드를 꽂고 있는데 아이가 왔다. 손이 빠른 제 형이 먼저 집을까 봐 현관문이 열리기가 무섭게 뛰어든다. 목에 거는 손놀림도 노련하다. “그렇게 좋으니” 묻는 말에 웃음으로 답을 한다. 메달과 냉장고가 긴 침묵을 깨고 몸값을 톡톡히 할 참이다.

(2020. 4)

좋은 추억

어머니는 남새밭 가장자리에 옥수수를 심으셨다. 울타리처럼 서 있는 옥수수 대궁은 하룻밤 자고 나면 쑥 자라고 또 하룻밤 자고 나면 쑥 자랐다. 옆에서 놀다 보면 시간 가는 줄을 모르곤 했는데 옥수수 대의 키가 나하고 똑같은 날은 단 하루뿐이었다. 뭘 먹고 자라기에 그리도 잘 크는지 하루도 쉬지 않고 자라고 있었다.

다 크고 나면 볼록하니 옥수수가 나기 시작했다. 어린 내 눈에는 꼭 아기를 업은 어머니 같아 볼수록 정겨웠다. 갈색 수염을 늘어트릴 땐 큰 것과 작은 것은 확연히 구별이 됐다. 그 무렵부터는 나는 옥수수에다 이름을 붙였다. 제일 크고 튼실한 것은 큰오빠 이름을, 두 번째로 잘생긴 것은 둘째 오빠, 그다음 것은 막냇동생, 못생기고 부실한 것은 나와 언니, 또 여동생 이름을 붙였다.

이 방식은 어머니가 우리 형제들에게 맛있는 음식을 나눠 줄 때 하는 식이었다. 차이는 있어도 나는 이 모든 옥수수를 사랑하면서 여름을 났다. 시퍼런 옥수수 잎이 깔아놓은 그늘에서 구성지게 동요를 부를 때도 있었고 수수 꼬투리 같은 꽃에 벌과 나비가 앉으면 살금살금 다가가 잡아 보겠다고 손을 내밀기도 했다.

눈만 뜨면 바라보고 놀다가 어느 날 어머니가 옥수수를 뚝뚝 꺾어 재낄 때는 즐겁던 여름이 한순간에 날아가는 기분이었다. 그래도 어머니가 파르스름한 껍질을 한 겹 한 겹 벗기면 허전한 마음은 그새 달아나고 신이 나 어머니를 도왔다. 한입 베어 물 때의 생각에 군침이 돌아서다. 동생과 마주 보고 옥수수로 하모니카를 불면 밥알 같은 옥수수가 온 입가에 붙어도 주변 의식도 않고 먹기에 바빴다. 그렇게도 옥수수는 내 유년의 즐겁던 추억인데, 아는 사람이 모 단체에서 자연체험학습이 있다며 같이 참여해 보자는 것이었다. 학생들과 자연학습을 종종 하는 나로서는 안 갈 수가 없었다.

따라나선 그 날은 아침에 한줄기 소나기가 내렸다. 비를 그대로 맞은 산과 들은 푸르름이 넘쳐나고 수려한 경치는 비 온 뒤의 아름다움을 한껏 뽐냈다. 그 속에서도 유난히 눈에 띄는 건 여기저기 보이는 옥수수밭이었다. 철이 지났는데도 그곳 특산물이라 그런지 한물처럼 잎이 무성하고 굵직한 옥수수가 얼기설기 붙어 있었다. 목적지에 도착해 담당 선생님의 지도 아래 한 시간 교육을 받고 곧바로 식당으로 갔다. 식당은 산골에 한 채 있는 집이었는데 주인은 오후에 있을 감자 캐기를 본인이 직접 도울 거라는 말을 미리 해 주었다.

출출하던 차에 곤드레나물에다 밥을 비벼 먹고 경운기 한 대와 트럭 두 대에 나눠 타고 뽀얀 흙먼지를 뒤집어쓰면서 밭으로 갔다. 감자를 캐러 가는데 온통 옥수수밭만 눈에 띄었다. "야~아!" 하면서 감자밭에 발을 들이면서도 옥수수 예찬을 안 할 수가 없었다. 거무스레한 흙 속에서 쑥쑥 불거지는 감자는 도시에서는 볼 수 없는 구경거리였지만 마음은 그저 내가 좋아하는 옥수수에가 있었다. 그때다. 식당 주인은 내 마음을 꿰뚫어 본 것처럼 재미있는 말을 해 주었다.

옥수수 꺾는 체험도 연달아서 하려고 했는데 시간이 모자라 할 수는 없지만 옥수수를 사고 싶은 분은 주문하면 보내주겠단다. 옥수수 오십 개에 택배비를 포함해 돈만 내면 된다는 말도 덧붙였다. 그러자 어떤 체험생이 샘플을 볼 수 있느냐고 물었다. 식당 주인은 본인이 마을 이장인데 거짓말하겠냐며 믿어도 된다는 것이다. 그 말을 듣고 모두가 신청하기에 정신이 없었고 이장님은 계속 옥수수 신청을 받는다고 확성기로 외치고 있었다. 가만히 들어보니 딱히 판로가 없지 않나 하는 느낌도 들었다.

돌아오는 길은 토실토실한 감자도 손에 든 데다 뒤따라올 옥수수를 생각하니 날아갈 것만 같았다. 그러고 이틀 후 옥수수가 왔다. 급한 마음에 상자를 푸는데 영 눈이 성글었다. 아무리 봐도 약속한 숫자가 안 돼 보였다. "아니, 이럴 수가" 이것도 몇 개는 부실해 상품가치가 전혀 없다. 믿을 만한 분이었는데 한두 개도 아니라 전화기를 들었다.

이장님은 이미 다른 분의 전화를 받았다며 잘못된 것을 알고 있었고, 일손이 모자라 다른 사람을 시켰더니 그렇게 됐다면서 밭에 있는 옥수수가 영글면 바로 보낼 테니 며칠만 기다리라는 것이다. 듣고만 있다가 수화기를 놓았는데 머리에 맴도는 것은 택배비 들어 다시 올 옥수수였다.

산골에서 택배를 보내려면 일부러 읍내로 나가야 하고 비용도 드는데 싶으니 잠이 오질 않았다. 밤새도록 뒤척이다 날이 밝자 수화기를 또 들었다. "옥수수 다시 보내지 마세요." 했더니, 수화기 너머에선 미안함이 묻어나는 대답이 들렸는데 그렇게 홀가분할 수가 없었다.

어린 시절 날만 새면 한 뼘씩 커가는 옥수수 옆에서 어머니 방

식의 셈법으로 오빠 몫과 내 몫을 정할 때는 그 당시 생활 흐름이라 흔쾌히 받아들였지만 지금은 통하는 세상이 아니다. 그렇지만 약속과 어긋난 옥수수 상자를 눈앞에 두고 생각을 달리했더니 좋은 추억이 돼 있다.

(2009. 9)

허전함

돈을 보낼 일이 생겼다. 저녁을 먹을 시간이라 마음이 바빠 컴퓨터부터 열었다. 수명이 다 된 컴퓨터는 동작이 느려 한참 후에 화면이 떴고 나는 그만 깜짝 놀라고 말았다. 두 개가 나란히 뜨던 공인인증서가 하나만 보여서다. 눈이 동그래지면서 컴퓨터를 빤히 쳐다봤지만 남편 이름으로 된 인증서는 뜰 기미가 없다. 혹시 컴퓨터가 잘못돼 없어졌나 하다가 곰곰이 생각하게 되었다. '기한이 지나 자동 소멸했거나 아니면 컴퓨터에 오류가 생겨 어디 숨었거나.' 그러다 마음먹었던 일만 보고 컴퓨터를 닫았다.

몇 달 전만 해도 공인인증서는 돈거래를 할 땐 꼭 있어야 하는 필수품이었다. 앞으로는 없어도 된다고 하지만 손에 익은 거라 아쉽다. 워낙 중요해서인지 한번 만들려면 절차도 까다롭고 일이 많다. 손이 날렵한 신세대 아이들이야 별거 아니겠지만 우리 세대에게는 그리 호락호락하지 않다. 처음 만들 때도 복잡한 절차를 밟은 기억이 남아 있다. 그렇다고 묵살해 버리려니 아깝다. 늘 사용해 오던 것이고 편리하기도 했다. 근래에 들어 여러 번 이사를 하면서 큰 금전거래는 컴퓨터로 처리하면서 안전하고 간편해 톡톡히 혜택도 본 셈이다.

그랬던 것을 없앤다니 속상하고 다시 만들자니 머리가 복잡하다. 내 것이 있긴 해도 남편이 해야 할 일이 있고, 내가 해야 할 일이 따로 있다. 각자 볼일이 있으면 늦은 밤이라도 일 처리가 돼 참 요긴하다고 여기며 살았다. 살릴 생각은 못 하고 있는데 작은 딸이 왔다. 은행 일에 대해 좀 아는 아이라 불쑥 인증서 말이 튀어나왔다. 첫말에 "재발급받으세요." 한다. "좀 해 줄래?" 하는 말이 입안에서 나올 것 같았지만 모처럼 온 아이한테 건넛방에 가 느려 터진 컴퓨터를 열어보라고 하기는 미안해 "그래." 하고는 더 이상 아무 말도 하지 않았다.

그 후로도 컴퓨터를 열면 하나만 있는 인증서는 영 눈이 성글었다. 없어져서 불편한 것도 있지만 두 개가 눈에 익어 있다가 하나만 보이니 허한 마음은 상상외로 컸다. 평소 다정다감하게 말을 한다거나 애살스럽게 굴지는 않는데 나란히 있다 없어져서인지 쓸쓸함이 이루 말할 수 없다. 성격이 느긋한 남편, 반면 무슨 일이든 즉석에서 처리해야 하는 나. 이러니 정반대의 성격이라

늘 티격태격하면서 산다. 그렇게 살아왔으면서 왜 비어버린 그 인증서 칸이 자꾸 마음이 쓰인 것일까. 한번 눈에 익은 게 쉬이 잊히지 않아서일까.

컴퓨터가 보급되고 어찌나 신기한지 배울 만한 곳은 다 찾아다녔다. 하나하나 익히던 어느 날 선생님은 돈도 방 안에서 컴퓨터로 보내는 방법이 있다고 하셨다. 나뿐이 아니라 다들 배우겠다고 손을 들었고 그날은 내 명함에 새로운 역사를 썼다 해도 과언은 아니다. 신기하고 놀라워, 집에 와서 돈을 방 안에서 보낼 수 있다고 자랑을 늘어놓은 얘기는 지금도 웃음이 나온다.

인터넷뱅킹이 얼른 안 떠올라 '인, 인' 하다가 말이 막히었고 다음 글자는 남편이 이어 주는 해프닝도 있었다. 그때부터 우리 집 컴퓨터에는 두 개의 인증서가 놓이게 되면서 선생님 말씀처럼 돈을 방 안에서 보내는 희한한 일도 할 수 있었다.

인증서 하나가 사라진 후는 먹은 밥이 체한 것 같은 나날을 보내는데 하루는 내 공인인증서를 갱신할 때라고 떴다. 없어질까 봐 얼른 서둘렀다. 매년 해온 것처럼 접근을 했더니 수월하게 끝났다. 그러고 나니 남편 것도 살려야겠다는 오기가 생겼다. 본인도 살리고 싶어 하는 눈치인데 처음 만들 때 까다로운 절차가 기억에 남아 엄두를 못 내는 것 같다.

둘이서 꼼꼼하게 재발급 절차를 읽었다. 그런 다음 차근차근 이어가니 아이디가 틀렸다고 뜬다. 될 만한 아이디는 다 넣어봤지만 한 번 틀릴 적마다 경고 숫자만 더해지면서 아니란다. 이러다 아예 접근도 못 하게 하면 어떡하지 싶어 아이디를 찾기로 순서를 바꿨다. 눈에 힘을 주며 컴퓨터가 안내하는 대로 좇아가니 생각보다 쉬워 찾을 수 있었다. 둘이서 "나왔다, 나왔다" 하며 아이들처럼 소리를 질렀다.

더 이상 복잡한 일은 없었고 재발급 절차를 성공리에 마쳤다. 비어있던 남편 인증서 자리에 예전처럼 파르스름한 인증서가 들어서는 순간 허했던 마음이 꽉 차왔다. 확인차 돈을 한번 보내 보니 돈이 군소리 없이 들어갔다. 안전감이 들면서 외로이 있던 내 인증서도 집 나간 아이를 불러들인 것처럼 편안해 보인다. 이러면 되는 일을 왜 망설였을까. 두 개에 낯익어 있다가 그동안 엄청나게 서운했었다. 살가운 사이도 아니면서 무슨 이유로 그렇게 허전했을까. 어른들 말씀처럼 없어 봐야 소중한 줄 안다는 말이 맞는 말일까.

어느 라디오 프로그램에서 들은 말이 떠오른다. 남편이 사고로 세상을 뜬 어떤 여인이 남편이 옆에 없어 제일 서운했던 일은 동사무소에서라며 울먹였다. 주민등록등본을 떼러 갔는데 언제나 맨 위 칸에서 우산처럼 가족들 이름을 씌워주고 있던 남편 이름이 안 보여 목놓아 울었단다. 들을 때는 남의 얘기라고 여기며 흘려버렸다. 뜻이야 다르지만 막상 겪고 보니 하나만 있는 허전함이 얼마나 큰지를 직감할 수 있었다. 인증서가 속삭인다. "있을 때 잘해…."

(2020. 3)

경찰서 가는 날

“따르릉따르릉” 걸려온 전화기 속 목소리는 30대 초반의 여자였다. “내일 오시는 것 아시지요?” “네” 하자. 그는 시간 잘 지켜 달라고 하며 전화를 끊었다. 수화기를 놓고 나니 못 간다고 할 걸 싶은 생각이 별안간 들었지만 되돌리기에는 이미 늦은 뒤였다. 사실 며칠 전에도 문자가 왔었다. 그때도 못 가겠다고 전화를 하고 싶었지만 그곳에 전화하는 게 두려웠다. 문자로 하면 그나마 할 것 같은데 유선전화번호라 자유롭게 쓸 수가 없으니 바라만 봤다. 그러다 하루 전이 돼 버린 것이다.

몇 개월 전이다. 시장에서 장을 보고 횡단보도를 건너려고 기다리고 있을 때였다. 바로 옆 푹 솟은 가로수 뿌리 위에 지폐 몇 장이 접힌 채 사람들 발 사이에서 바람에 나풀거렸다. “웬 돈?” 하며 두리번거렸지만 아무도 보지 못했는지 줍는 사람이 없었다.

앞뒤를 다시 한번 돌아본 다음 잽싸게 주웠다. 그러자 신호등이 바뀌었고 사람들은 우르르 건너갔다.

그런데 나는 발이 떨어지지 않았다. 몸이 경직되면서 소문으로 들은 온갖 말들이 순식간에 떠오르기 시작했다. 주운 돈을 돌려주지 않으면 범죄에 속한다느니, 법적 절차를 밟아야 한다느니, 또 돈을 주운 날은 재수가 없다느니 좋지 않은 말들만 머리를 스쳤다. 그 와중에 누군가가 내가 엎드릴 때 사진을 찍지는 않았을까 싶기도 하니 점점 몸이 굳어갔다.

간신히 몇 발자국을 옮긴 다음 돈을 펴 보니 만 원짜리 한 장과 천 원짜리 두 장이었다. 멀쩡한 대낮에 돈을 흘린 사람도 애를 태우고 있겠지만 주운 나도 마음이 편치 않은 게 안정감 없는 행동으로 나타났다. 뒤에 누가 따라오는 것 같은 심정은 나를 가까운 파출소로 이끌었고 파출소에 들어서자 시장 가방을 무겁게 든 나를 경찰들은 빤히 쳐다봤다.

돈을 내밀며 상황을 설명하자 제일 가까운 쪽에 서 있던 경찰이 용지 한 장을 꺼내더니 돈 액수와 주운 장소, 손에 든 전화번호까지 낱낱이 적었다. 그러면서 3개월까지 기다려보고 주인이 안 나타나면 주운 사람이 찾아가도 된다고 했다. 안 찾아가면 국고에 넘긴다는 말도 같이 하는데 나는 무슨 용기였는지 내가 가지겠다고 해 버렸다. 그리고는 홀연히 그곳을 빠져나왔다.

집으로 와 곰곰이 생각해보니 후회가 됐다. 국고에 들어가면 불우이웃 돕기에 쓰인다고 했는데 잘못 말했다 싶었지만 3개월이란 기간이 있어 그런지 크게 와닿지 않았다. 그런 후 까맣게 잊고 있었는데 소리도 없이 날아온 문자가 그날을 되돌려 놓았다. 주인이 안 나타났으니 관할 경찰서로 와 돈을 받아 가라는 것이다. 길에서 연두색 겉옷을 입고 정한 규율은 어디서든 잡을 것 같은 경찰이 퍼뜩 떠오르면서 겁이 나는 것은 물론이고 영 떨떠름했다. 늦었지만 안 가겠다고 해야지 싶으면서도 수화기는 들지 않고 마음만 하고 있었다.

날이 새자 비가 내렸다. 우산을 쓰고 물어물어 도착한 경찰서. 입구에 들어서자 경비실에서는 무슨 일로 왔느냐며 꼬치꼬치 물었고, 내 신분이 다 입력되었는지 3층 책임 부서를 알려 주었다. 건물 안으로 들어서자 안에서도 안내하는 직원이 다시 한번 확인 절차를 밟았고 그런 다음 계단을 오를 수 있었다.

긴 복도가 있는 건물은 학교 교실처럼 각 실마다 업무부서가 쓰여 있었는데 찾아간 부서는 가까운 거리에 있어 바로 문을 두드렸다. 문이 열리면서 막냇동생 같은 여직원은 상냥한 말투로

의자에 앉으라고 하더니 바람비에 젖어있는 치맛자락을 보며 닦아 줄 듯이 다가왔다.

나는 대뜸 돈은 안 갖겠다고 해 버렸다. 직원은 "왜요? 이 빗속에 오셔서 안 받아 가신다니…" 하면서 받아 가길 권했다. 그러자 옆자리 직원도 받아 가라는 눈빛을 주었고 나는 "내 돈도 아닌데" 하고는 고개를 저었다. 유별나게 친절한 직원은 선 채로 정녕 그러셨다면 전화를 하시지 왜 오셨느냐며 안타까운 표정을 지었다. 바라보고 있는 그들을 뒤로하고 그곳을 빠져나올 때는 어찌나 가뿐한지 날 것만 같았다.

일이 있어 정정당당하게 가는 것인데 왜 그곳에 가는 게 그렇게 두려웠을까. 몇 년 전 경찰로부터 친절하게 도움을 받은 일도 있는데 말이다. 그날은 지하철에서 나와 정신이 몽롱해지면서 거리 감각을 잃은 날이다. 늘 다니는 길이었지만 버스 탈 곳을 찾아 헤맸다. 그러다 경찰차를 발견했고 쫓아가 주변 지리를 물었다. 차 문이 열리면서 친절하게 차에 오르라고 하더니 마을버스를 타는 곳까지 태워다 주었다. 정중하게 목례까지 하며 몇 분 후에 버스가 올 거라는 말과 의자에 앉아 기다리라는 자상함도 보여주었다.

그날 후로 경찰에 대한 두려움이 없어지는 듯했는데 요새도 차를 몰고 가다 경찰이 보이면 괜히 몸이 굳는다. 아마 어린 시절 조금만 잘못해도 어른들이 "경찰 온다, 경찰" 하면서 위협을 준 게 기억에 남아 있어 그렇지 않을까. 짓궂은 사내아이들이 골목 어귀에 패싸움을 벌이면 언제든지 등장했으니 말이다.

(2017. 7)

입학

아이들 소리가 왁자지껄하다. 까르르 웃기도 하고 쿵쿵 뛰기도 한다. 개학을 했다면 학교에 있을 아이들인데 집에서 노니 저러나 보다. 소음이라기보다 오히려 안쓰럽다. 바로 앞에 놀이터가 있어도 나갈 수가 없으니 답답하고 갑갑할 게다. 코로나19는 아이들만 갑갑하게 하는 게 아니라 어른도 마찬가지다. 주말이면 가족이 모여 정담을 나누었는데 올봄에는 볼 수가 없으니 그립다.

현실을 그대로 받아들이긴 안타까웠는지 아이들은 대책을 세웠다. 영상 전화로 만나는 것이다. 어미아비는 옆에서 연출을 하고 아이들은 얼굴을 내민다. 그동안 못 나눈 얘기도 하고 방금 먹은 밥이나 간식도 아이들이다 보니 얘깃거리가 된다. 말이 자연스레 길어지면서 어미 아비가 나한테 알리고 싶지 않은 비밀도 불쑥 튀어나와 듣는 나를 난감하게 할 때도 있다. 그러면 나는 유치원생이 되었다가 일학년 아이가 되어 말을 받기도 한다.

지난 설이다. 우리는 설을 쇠러 아들 집에 갔다. 도착하자마자 올해 초등학교 입학할 손녀는 새 가방을 꺼내왔다. 가방 속에는 신발주머니, 필통, 연필, 색종이. 자랑을 하고 또 해도 아이가 즐겁지 않을 것은 하나도 없었다. 그게 부족했을까, 다음 날도 아이는 살금살금 다가와 "할머니, 보여 드릴 게 있어요" 하더니 하루 전날 본 가방을 그대로 들고 와 어깨에 메고는 앞을 왔다 갔다 하며 생글생글 웃었다. 그러면서 내 입에서 "가방이 참 좋다" 하는 말이 나오기를 기다렸다. 어제 한 말을 똑같이 하면 재미가 덜할까 봐 제 고종사촌을 들먹이며 "네 게 더 좋다" 하자, 신이 난 아이는 주방으로 뛰어가며 "엄마!" 하는데 목소리에 온 세상 아이들 즐거움이 다 묻어났다. 뒷말은 안 들어도 안다. 숨을 헐떡이며 "엄마, 엄마, 할머니가 태영이 가방보다 좋대" 했을 것이다. 그것으로 그치지 않고 다시 뛰어와 내 주위를 한 바퀴 빙 돈 다음 제자리에 갖다 놓았다.

떡국을 먹으면서도 아이는 책가방 이야기에 온 가족이 귀를 기울여 주기를 바랐다. 상머리에 앉은 가족들은 설날이 입학 축하 날이 된 것처럼 아이의 말을 받아주었다. 우리가 돌아오는 날도 "할머니, 할아버지, 한 번 더 보고 가" 하며 가방을 메고 일부러 걸어 다녔다. 그 뒤도 통화만 하면 할머니, 하는 목소리에 새

학용품이 배어 있었고 몇 밤만 자면 학교에 간다고 들떠 있었다. 충분히 알아들었는데 또 하고 또 해, 가스 불에 올려놓은 음식을 넘긴 게 수차례다.

정상적이었다면 어제오늘 통화에서는 얼굴도 모르는 일학년 선생님 얘기와 새 친구 얘기도 들려주었을 텐데, 코로나19가 가로막아 손녀가 전할 말이 전혀 진전이 안 되고 있다. 수화기에 입을 대고 "할머니, 엄마가 그러는데 좀 더 있어야 학교 간대요." 말끝이 흐리다. 입학도 안 한 학교가 벌써 그리움의 대상이 돼 버렸다. 간절함이 전화선을 타고 오니 나도 아이처럼 슬프다.

입학은 예전이나 지금이나 마음을 설레게 하는 건 똑같아 보인다. 내가 국민학교에 들어갈 때다. 입학 통지서를 받고 누리끼리한 종이에 쓰인 글자를 끝까지 읽지도 못하면서 수시로 꺼내봤다. 겨우 알고 있는 이름 석 자를 자음과 모음이 닳도록 만져보며 그날을 기다렸다. 날짜 세는 게 서툴러 어머니가 달력에 표시를 해 주면 하룻밤 자면 숫자 하나 지우고, 또 하룻밤 자면 숫자 하나 지웠다. 지운 빗금이 비스듬히 누워 온 달력을 메워 나갔지만 애가 탈 정도로 시간은 앞에서 미적거렸다. 그러던 어느 날은 어머니 손을 잡고 5일장에 따라가 꽃고무신도 사고, 상급생이 되어도 입을 수 있는 품이 넉넉한 윗도리도 하나 얻어 입었다.

그때부터는 더 시간이 안 갔다. 햇살 바른 마루 끝에 엎드려 살며시 잠이 들어서도 새 고무신을 신고 학교 가는 꿈을 꾸었고 몇 살 위인 오빠가 등을 툭 쳐 눈을 떠보면 달력 숫자에 빗금을 그을 밤이 아니어서 눈물이 핑 돌았다.

그렇게 애를 태우다 드디어 학교 가는 날. 깨우지 않아도 일어나서는 어서 가고 싶은데, 아버지는 밭에 다녀와서 갈 거라고 하셨다. 밭일은 농사일을 돕는 큰 아재가 하는데 늘 사랑채에서 신문이나 책을 보며 마른자리만 도신 아버지가 왜 하필 그날 밭에를 가시는지 알 수가 없었다.

집에서 기다리는 걸 참을 수 없어 입은 새 옷을 벗지도 않고 아버지를 따라갔다. 밭고랑 끝이 보이지도 않는 너른 보리밭을 아버지가 한 바퀴 돌 때까지 가장자리에서 서 있다 집에 오니 신발에 흙이 범벅이었다. 벌건 흙이 문제가 돼 어머니 꾸지람을 그 기분 좋은 날 들어야 했다.

집에는 친척 아이도 와 있었다. 그 애 아버지는 바빠서 입학식에 못 가 아이를 아버지께 맡긴 것이다. 그 아이와 나는 오른쪽 가슴에 직사각형으로 접은 손수건을 달고 아버지 뒤를 따랐다. 한 시간을 걸어서 도착한 학교. 여덟 살 아이가 걷기엔 지칠 거리였지만 불평 한마디 하지 않았고 와글거리는 아이들 속에서 선생님 한번 쳐다보려고 발뒤꿈치를 치켜들었다. 발가락에 힘을 주며 눈을 두리번거리는데 뒤에 선 아이 엄마가 줄 가운데로 들어와 내 옷을 잡아당겼다. 자기 아이가 안 보인단다. 양복을 말쑥하게 차려입은 선생님을 아주 조금 본 날이다.

그 순간이 얼마나 신기하고 즐거웠으면, 떠오르기만 하면 가슴이 촉촉해질까. 사회적 거리 두기가 뭔지도 모르고 학교 갈 날을 손꼽아 기다리는 손녀나, 손녀 덕에 옛일을 덤으로 떠올린 할미나 입학이라는 글자 앞에서 몸살을 앓고 있다.

(2020. 3)

가뭄에 단비

양지바른 마당 가에 아이들이 한 명 두 명 모여들었다. 눈만 뜨면 모이는 아이들은 우리 집 막내 친구들이다. 앞집, 옆집에 사는데 이 중에서도 우리 아이는 유독 앞집 아이와 친하다. 가지고 놀던 소꿉을 죽 펴 놓고 놀이를 하다 모자라는 그릇이 있으면 서로 빌려주기도 한다. 어른들 세계나 아이들 세계나 비슷하기도 한데, 어떤 날은 영 엉뚱한 일이 벌어진다.

하루는 앞집 아이가 어디서 구했는지 시중에서 쉽게 볼 수 없는 앙증맞은 소꿉 세트를 가지고 왔다. 색상도 다르고 모양도 다르니 아이들이 우르르 몰려들었고 그 후론 만나기만 하면 그 소꿉은 단연 인기였다. 그러니 앞집 아이 주변에 항상 아이들이 들끓었다. 그러다 하루는 무슨 일인지는 모르지만 우리 아이와 티격태격 말다툼이 벌어졌다. 앞집 아이는 심기가 틀어지면 가지고 노는 소꿉을 내세워 우리 아이를 제압해, 옆에서 보고 있으면 은

근히 속이 상한다. 그래도 매번 그러는 게 아니고 앞집 아이나 우리 아이나 다툴 때만 그렇지 비교적 잘 지내는 편이라 그냥 봐 넘겼다.

그러다 또 어느 날 묘한 분위기가 돌더니 둘은 매서운 눈초리로 마주 보고 있었다. 그러더니 소꿉 하나를 집어 든 앞집 아이가 "너희 집에 이거 있어?" 하며 앙칼지게 물었다. 우리 아이가 대답을 못 하자, 또 다른 걸 집어 "이런 것은 있어?" 했다. 그래도 답이 없자, 없는 걸 빤히 아는 아이는 앞에 놓인 소꿉을 하나하나 들어 우리 아이에게 밀어붙이다시피 하며 묻는 것이다. 답을 할 게 하나도 없는 것은 당연했고 앞집 아이는 기가 살아 눈빛에 날이 섰다.

그때다. 한 치도 물러설 기미를 보이지 않던 우리 아이가 무슨 생각이 도는지 바짝 다가서며 큰소리로 "너희 집에 완구 오빠 있어?" 했다. 전혀 생뚱맞은 소리라 앞집 아이는 멍해졌고, 대답이 없자 "있어, 없어?" 다그쳤다. 앞집 아이는 완구 오빠가 뭘까 하는 눈빛이었다. 그러자 우리 아이는 '때는 이때다' 싶은지 맹공을 퍼붓듯 "완구 오빠 있어, 없어?" 또 물었다. 완구 오빠가 물건도 아니고 이 세상에 한 명 있는 사람인데 앞집에 있을 리 만무했고 대답을 끝내 못 한 아이는 늘어놓은 소꿉을 주섬주섬 주워 달아나다시피 가 버렸다. 내달리는 폼이 엄마한테 완구 오빠가 있는지 없는지 물어볼 참 같았다. 우리 아이는 늘 노는 장소를 제공하고도 당하기만 하다 모처럼 통쾌함을 맛본 셈이다.

아이들 놀이에서 일어난 일인데 별안간 시댁 논이 떠올랐다. 시댁은 산골짜기에 작은 논이 몇 두렁 있었다. 논두렁이 꼬불꼬불한 이 논은 산비탈에 층계를 이루고 있는 다랑논이었다. 비가 와야 모를 낼 수 있는데 이 논을 어른들은 끔찍이 여기며 농사철이 되면 그 논에서 살다시피 하셨다.

비가 안 와도 걱정이지만 너무 많이 와도 밤잠을 설치기 일쑤셨고 비가 오는 날은 새벽같이 달려가 물꼬를 보고 밤새 무슨 날짐승이 다녀갔는지도 살피시는 게 일과였다. 갑자기 불어난 물이 논둑을 삼켜 버릴 때도 있었고 심어놓은 모가 웃자라 의외로 수확을 못 본 해도 있었다.

또 비가 적당히 내려 풍년이 드는 해는 부모님이 원하는 만큼의 곡식이 났지만 날이 가물어 모를 내지 못하면 준비해둔 가마니를 빈 채로 창고에 쌓아두고 다음 해를 기다리시는 걸 당연하게 여기셨다. 그래도 하늘이 하는 일을 원망하거나 억지로 비를 달라고도 않으셨고 오직 하늘의 뜻에 따르셨다. 일기 예보라고 해봐야 닭이 몸에 이를 잡으면 비가 올 거라고 믿었던 그 시절, 부모님은 닭의 행동도 저버리지 않으시고 눈여겨보며 물을 가둘 때 필요한 삽이며 괭이도 미리 챙기시는 꼼꼼한 분이셨다.

별안간 소나기가 내리는 날. 하늘이 우르릉 쾅 하면 비닐 하나 어깨에 두르고 들로 나가셨고 소를 앞세워 쟁기질을 하시면서는 미소를 잃지 않으셨다. 바깥소식을 애타게 기다리던 땅속 흙은 쟁기 날에 묻어 부모님의 뜻을 따랐고 물과 흙은 새 생명을 탄생시킬 준비에 들어갔다. 막 내린 비, 흙, 여린 모. 이들은 시간과 함께 제 몫을 해냈다.

아이가 급할 때 가뭄에 단비 같은 완구 오빠를 떠올렸듯이 부모님도 그 힘든 일을 하다가도 큰손자 완구만 나타나면 단비같이 여기셨다. 소꿉놀이에 등장할 무렵은 대학생이었지만 아이가 보물처럼 여긴 것에는 할머니와 할아버지의 역할이 컸다. 방학 때나 명절 때 큰손자가 가면 골짜기 논에 물 들어가는 날처럼 기뻐하셨고 좋아하는 음식은 다 먹이고 싶어 하셨다.

완구 역시 할머니, 할아버지의 손발이 돼 고장 난 살림살이도 고쳐 드리고 서툰 들일도 도우며 따랐다. 착하고 성실하기도 해 집안 어른들까지도 기다리며 "완구, 완구" 했으니 몸은 서울에 있어도 마음은 할머니 할아버지 곁에 있었을 게다.

그러니 아이 마음속에도 믿음직한 기둥이 돼 숨어 있었지 않나 싶다. 그날도 다급한 코너에 몰리자 세상에서 제일 든든한 사촌 오빠를 무기로 내세운 것이리라.

(2020. 4)

요긴할 때도 있더라

휴대전화가 나오면서 집 전화기가 설 자리를 잃었다. 그러자 가족들은 없애자는 말을 수시로 내비쳤다. 처음 전화벨이 울렸을 때를 생각하면 절대로 전화선을 끊을 수 없지만 가끔은 나도 흔들렸다. 한 번도 쓰지 않고 요금을 내는 것도 마음에 걸리지만 이사를 할 때마다 내는 이전비도 만만찮아 '끊어 버려?' 하는 생각이 문득문득 들었다. 실수로 걸려오는 전화를 빼면 진짜 전화기는 놀고먹었다.

지난여름은 누구나 더위로 인해 모진 고통을 겪었다. 견디기가 어려울 정도로 더우니 더위를 두고 온갖 피서법이 난무했고 주민을 모아 밤이면 에어컨을 틀어주는 동네가 있다는 말도 나돌았다. 우리 집도 예외는 아니었다.

봄에 이사를 하고 에어컨을 먼저 들이라는 아이들 권유에, 나는 일단 한번 살아보고 들이겠다며 미루었다. 이유는 새집인 데다 냉난방이 잘되었다는 소문이 나 있었고 실외기를 놓을 자리도 창고로 사용하면 요긴할 것 같아서였다. 아파트 층수 또한 낮은 층이 아니라는 것도 이유 중의 하나였다. 그런 데다 내가 생태 학교에서 일하다 보니 자연에 대한 관심도 높아, 전기를 덜 쓰는 것은 더욱더 좋은 일이라 한두 달 참아보겠다고 했다.

그런데 더위는 내 예상을 뒤엎었고 정말 견디기 어려운 어느 날 아침이었다. 텔레비전 옆에서 얌전하기만 하던 집 전화기가 천장을 뚫을 듯이 외쳐댔다. 깜짝 놀라 "이 아침에 누구지?" 하고 전화기 옆으로 뛰어갔다. 고향에 계신 부모님이 돌아가신 후로는 이른 시간, 집 전화벨이 울리는 일은 뜻밖인 데다 하도 써먹지 않아 번호를 아는 사람도 없을 텐데 싶으니 불안한 마음도 머리를 스쳤다.

물 묻은 손을 닦을 새도 없이 전화를 받았는데 인근 도시에 사는 큰딸이었다. 딸은 대뜸 별일 없느냐고 하더니 "아빠 잘 계세요?" 하고는 전화를 건 이유를 말하였다. 지난밤 너무 더워 잠을 설쳤는데 날이 새니 방송에서 서울은 더 더웠다고 해 안부를 묻는 것이랬다. 수시로 만지는 휴대전화를 두고 굳이 집 전화로 한 것은, 집에서 사람이 견딜 수 있는지 없는지 알려면 집 전화로 거는 것이 제일 빠르겠다 싶어서란다. 딸은 에어컨 얘기가 나왔을 때 반대한 나를 원망하듯 목소리가 높아지더니 바쁘다며 끊었다.

"고생을 해도 내가 하는데 네가 왜 그래" 해 주고 싶었지만 조금 후면 출근할 아이한테 언짢은 말은 하고 싶지 않아 참았다. 그러고 돌아서는데 또 전화기가 큰 소리를 냈다. 다시 수화기를 드니 이번에는 또 다른 도시에 사는 며느리였다. 며느리 역시 제 시누이처럼 뉴스를 보다 전화를 건 것이었다. 며느리도 우리가 바깥에 나가 있나 싶어 일단 집 전화로 확인부터 하는 것이랬다. 늘 잔병치레를 하는 시아버지가 더위에 약하겠다 싶은지 안부를 꼼꼼히 묻고는 수화기 너머로 사라졌다.

안부치고는 색다른 안부였다. 집 온도를 몇 도나 낮추어 놓은 듯한 전화, 그 덕에 거들떠보지 않던 전화기에 모처럼 활력이 붙었고 똑 부러질 만큼 영리하다는 스마트폰도 때론 밀려날 수 있다는 것을 직접 느꼈다. 천덕꾸러기 대접을 받다가도 쓰일 때가 있는 것이 비단 집 전화기뿐이랴.

요즘 우리 식탁 위에는 예쁘지도 않은 뚝배기 하나가 놓여있다. 살림을 처음 할 적에 선물로 받은 것인데 세월이 흐르면서 쓰기 편리한 그릇에 밀려나 있던 것이다. 계절이 바뀌거나 대청소를 할 때 사용하지 않는 물건을 한 아름씩 내다 버리면서 이 뚝배기도 몇 번을 들었다 놨다 했지만 되레 들여놓았다. 왜 못 버리느냐고 성화를 하는 식구들 눈을 피해 찬장 구석진 곳에 숨겨 놓은 것이다.

남편은 추위가 막 시작될 무렵 감기 몸살을 앓았다. 밥상머리에 앉을 생각조차 안 하는 남편을 뭘 해서 밥을 먹게 할까 하다 곰국이 떠올랐다. 정육점에 가 재료를 사고 깨끗이 손질한 다음 국물이 푹 우러나게 큰 솥에 고았다. 집 안에 고소한 맛이 배면서 잊고 있었던 뚝배기가 생각났고 찾아내기에 급급했다.

싱크대 위로 올라온 뚝배기. 투박해 보이는 것은 예전이나 지금이나 똑같았지만 그리 낯설지 않았다. 새까맣거나 희지도 않은 갈색 뚜껑까지 바로 눈에 안겼다. 뚜껑 정중앙의 네모도 세모도 아닌 꼭지도 요즘 그릇 손잡이처럼 매끈하진 않지만 불편해 보이지도 않았다.

너비에 비해 길이가 약간 긴 뚝배기는 예전에 쌀을 조금 불려 밥을 지을 때 기름이 자르르 흘렀던 기억까지 들추어내 새로운 재미로 와닿았다. 가벼운 그릇이 난무하면서 자취를 감출 수밖에 없었던 뚝배기.

그날 저녁 뽀얀 국물을 뚝배기에 옮겨 담고 불 위에 다시 올렸더니 뽀글뽀글 소리까지 나는 국물은 군침이 돌고도 남았다. 후

후 불어가며 후딱 한 뚝배기 해치운 남편은 감기까지 날려버린 낯빛이다. 구닥다리라고 취급하던 살림살이도 때론 요긴할 때가 있다는 걸 집 전화기와 뚝배기가 말해주고 있다.

(2018. 12)

고향

어머니가 부르는 소리
아이들이 재잘대는 소리

풀벌레가 우는 소리
곡식이 여무는 소리

아름다운 몸부림

아름다운 몸부림

아! 사월이다. 연둣빛 잎사귀가 보드라운 바람에 일렁인다. 말을 건 적 없는 새빨간 철쭉도 보란 듯 손짓한다. 비 온 다음 날이라 햇빛도 영롱하다. 하도 영롱하고 찬란해 뭐라 더 할 말이 없다. 이러니 호기심이 안 가는 게 없다. 아까보다 아주 조금 더 큰 화살나무 이파리는 냉큼 따서 나물바구니에 담고 싶고 아장아장 걷는 세 살 남짓한 아이도 집적대 보고 싶다. 줄지어 선 쥐똥나무, 하얀 꽃잎을 퍼부어 놓은 듯한 조팝나무, 아직 꽃잎이 남아 있는 벚나무, 나무 질이 단단해 옛 어른들이 도장을 팔 때 사용했다는 회양목, 사철 푸른 사철나무 이들의 잎이 금방금방 크면서 연두색 세계를 펼치니 나도 함께 어울리고 싶다.

매년 이랬는데 올해 왜 유독 이럴까. 코로나19가 발을 묶어서만은 아닐 게다. 돌아서 본다. 근데 또 있다. 얼마 전에 진 목련이다. 외면하고 싶은데 시든 꽃잎 몇 개를 그대로 매단 채 그새 새

순을 내놓으니 흥분이 다시 치솟는다. 이리도 아름다운 사월을 왜 잔인한 달이라고 했을까. 보이는 것마다 예쁘고 아름다우니 아무리 코로나19 말이 나와도 마음속에 자리한 좋은 생각들이 들썩이는 건 어쩔 수 없다.

그중에서도 저지난해 명동에서의 기억은 지금 떠올려도 벅차고 감미로워 사전을 뒤적여 더 좋은 표현을 찾아내고 싶다. 우리집에서 가까운 명동. 그러나 잘 가게 되지는 않았다. 왠지 파란 젊음의 거리로만 느껴져서다. 입에 익은 곳이지만 쪼르르 가서 일을 본다거나 차에서 내려 걷지도 않았다. 버스가 그쪽으로 가면 자리에 앉아 유리 너머로 내려다보는 게 전부였다고 해도 과언은 아니다.

그랬었는데 명동에 꼭 가야 할 일이 생겼었다. 대중교통을 이용해 몇 번을 물어 도착한 곳은 '예술극장 야외무대'였다. 동생 공연을 보러 간 것이다. 도착하니 앞 팀이 이미 공연을 하고 있었고 시간이 되자 동생이 단원들과 무대에 올랐다. 한복을 곱게 차려입은 공연단의 애절한 맵시가 예사롭지 않은데 사뿐사뿐 걷는 춤사위가 어우러지고 고요한 음악에 불이 붙으니 소고를 든 손이 춤의 동작에 기품을 더하면서 장내는 조용해졌다. 초를 다툴 정도로 인파가 늘어나는 거리였지만 사람들은 발을 멈추는 데 급급

했고 얼굴에 드러나는 온화함이 조명처럼 밝아졌다. '경남 무형문화재 제21호 진주 교방 굿거리 춤' 이 펼쳐진 것이다. 고려 문종 때부터 조선조에 이르기까지 궁궐에서 추었던 춤으로 느린 굿거리장단으로 시작해 흥이 오르면 자진모리장단으로 넘어가면서 소고춤이 흥을 돋우다 다시 느린 굿거리장단으로 마무리된다고 전해진다. 한국 춤의 네 가지 요소인 한과 흥, 멋과 태를 고루 갖춘 아주 품격 높은 춤이라고도 한다.

흥에 겨워 관람객도 추임새를 넣으니 분위기는 달대로 달아 하늘을 찌를 것 같았고 끼라곤 없는 나도 어깨를 들썩거렸으니 감출 수 없는 일이 벌어진 것이다. 춤의 열기는 명동의 한복판을 파고들었고 무대를 향한 사람들의 눈이 어디까지가 끝인지 가늠이 안 될 정도였다. 나는 그날 무대의 공기까지도 놓치고 싶지 않아 휴대전화를 꺼 놓았지만 그래도 바르르 떨까 봐 주머니에 깊숙이 밀어 넣었다.

동생은 진주교방 굿거리 춤 이수자로서 진주에서 '금호전통예술진흥원' 을 이끌고 있다. 행사를 위해 단원들과 천 리 길을 달려온 것이다. 수도 서울의 이름 있는 무대에서 '세계 무형유산' 축하 공연에 참여한 것은 피붙이로서만이 아니라 대견하고, 자랑스러워 감동이 북받쳤다. 춤사위로 동생의 어린 시절이 스치면서 꿈이 아닌가 싶기도 해 잠시 멍해지기도 했다.

두메산골에서 배부르게 먹기만 하면 최고였던 그 시절, 동생한테 기품 있는 예술성이 숨어 있다는 건 아무도 몰랐다. 유난히 피부가 곱고 이목구비가 또렷해 사랑은 받았으나 춤을 연상할 어떤 이유도 없었다. 학교에서는 공부 잘하는 아이로 통했고 집에서는 귀여운 동생이었다. 그 당시 어른들이 비아냥거리듯 말하던 '춤꾼' 은 전혀 아니었다.

놀이라고 해봐야 사금파리 몇 개로 담장 밑에서 긴 금을 긋고 노는 게 고작이었고 좀 즐거운 날은 셋이나 되는 언니들이 귀엽다고 붙들어 놓고 유희를 가르친다며 뻣뻣한 손으로 "나비야 나비야 이리 날아오너라" 하며 가녀린 동생 손을 잡고 흔들어 준 게 전부였다. 놀거리가 없던 시절이라 우리 집만 그러는 것이 아니었고 여자아이들이 있는 집은 들불처럼 번져 나간 유일한 재미고 행위였다.

그럴 때마다 상냥한 동생은 다소곳하게 다가왔고 눈썰미가 있어 한 번만 가르쳐도 잊어버리지 않는 게 특징이었다. 어느 날은 그걸 배웠다고 제 아래 남동생도 해보라며 마당 어귀에서 노닥거리다 완고하신 아버지께 들켜 남자아이한테 되잖은 짓이라며 어서 치우라는 꾸지람을 들었다. 아무도 동생의 재능을 눈치채지 못한 건 당연했고 먹을 것만 있으면 전부였기에 안다고 해도 가르치려 들지도 않았을 것이다. 그런 동생이 결혼을 하고 큰며느리로 살면서도 마음속에 감춰진 꿈을 캐려고 피나는 공부를 했지 싶다. 당당한 자리에 서기까지 노력과 인고가 뒤따랐을 동생.

생활의 잣대가 조금씩 달라져 오긴 했지만 농촌에서 큰일을 수시로 치르고 아이들 키우면서 춤 공부를 했다는 것은 보통 열정이 아니고는 할 수 없다. 사회적 거리 두기로 인해 집안에 갇히어 견디기 어려운 '이천 이십 년 사월' 아파트 뜰에서 일어나는 새 생명의 아름다운 몸부림이 꼭 동생의 삶을 연상케 해 숨어 있는 옛 얘기가 저절로 떠올랐다.

(2020. 4)

사라진 장독대

엘리베이터에 못 보던 하얀 종이 하나가 붙어 있었다. 고개를 젖혀 읽어보니 어느 집이 이사를 가는데 가는 날 좀 소란스러워도 이해해 달라는 문구였다. 그러고 며칠 후 기다란 사다리차가 우리 집 위로 올라가고 있었다. 쳐다만 봐도 우리 집 위인 것은 분명한데 어떤 분이 가는지도 모르고 해는 서쪽으로 넘어갔다. 우리도 이사 온 지가 얼마 안 됐지만 그래도 이런 식으로 이웃을 떠나보내나 싶으니 이사 오는 날 새집으로 온다고 들떴던 마음이 서글퍼졌다.

아이들이 어릴 적에는 이웃에 누가 들고 나는지 알고 살았다. 이사를 어디로 가는지를 알아두고 짐이 정리되면 이웃 사람들과 집 구경을 하러 갔었다. 차를 몇 번씩 갈아타고 아이를 업고 세제 상자를 들고 낑낑대면서 도착하면 우리가 간다고 한집에 사는 사람들은 미리 모여 있었다. 종일 온 동네 안부까지 물으며 놀다가 해가 다 진 다음 돌아왔다. 그런 것이 끈이 되어 왔다 갔다 하며 지냈다. 그러다 먼 곳으로 이사를 왔어도 한동안은 그 동네를 찾아가며 살았다.

이사 경험은 여러 번 있다. 한 단독 주택으로 이사를 갔을 때다. 제일 처음 눈에 띄는 건 옆집 장독대였다. 크고 작은 항아리들이 우리 항아리를 똑 닮아 있어서다. 항아리를 보면서 옆집 안주인도 내 또래구나 싶었다. 그러면서 주인이 어서 보고 싶어졌다. 골목에 사람 소리만 나도 문틈으로 빼꼼히 내다보았고 주변을 서성이는 여자만 보여도 발을 멈추었다.

그러나 정겹게 놓여있는 항아리는 좀처럼 주인을 내놓지 않았고 날만 새면 햇볕에 반짝이고 있었다. 그렇게 며칠이 지나고 대문 앞 청소를 하고 있는데 장독대의 주인이 나타났다. 얼른 쫓아가 인사를 하고 그저께 이사를 왔다고 하니 반갑게 맞아 주었다. 우리는 이런저런 얘기를 나누게 되었고 그의 남편이 교장 선생님이라는 것도 알게 되었다. 나처럼 사투리를 썼는데 공교롭게도 아이들 나이도 비슷했다. 말을 트고 나니 편하게 다가왔고 어디서나 눈이 마주치면 누가 먼저랄 것도 없이 인사를 나눴다.

우리 주방에서 마주치는 주차장은 선생님이라는 직업에 걸맞

게 정확한 시간에 차가 드나들었고 달력을 보지 않아도 휴일과 공휴일은 서 있는 차가 말해주고 있었다. 잘 정돈된 집 주변도 무엇 하나 모범이 아닌 것은 없는 듯했고 드나드는 손님도 점잖아 보였다. 좋은 이웃에 묻혀 사는 것도 덤으로 얻은 행복이라, 이사를 잘 왔구나 싶었다.

그러던 어느 날 옆집 장독대에 항아리가 보이지 않았다. 그것도 통째로 없어진 것이다. 깜짝 놀라 뭔 일이지 하다, 집수리를 하나 싶어 얼른 뒤쪽으로 가 창틈으로 주차장을 내다봤다. 문틈 사이로 보이는 주차 공간엔 낯익은 자동차는 없고 흰 페인트 선만 선명하게 그어져 있었다. "이사를 갔나, 그럴 리가" 며칠 전 은행에서 만났을 때 말은 건네지 않았지만 다정하게 눈인사를 했고 만나기만 하면 정겹게 다가왔는데, 머리를 절레절레 흔들기에 이르렀다.

궁금증은 어떤 변명으로도 풀리지 않았다. 그런데 며칠 뒤 큰 이삿짐 차가 옆집 앞에 서더니 사다리가 공중을 찌를 듯이 오르내리며 내 허전한 마음을 대신이라도 하듯 소리를 질러댔다. 주인이 바뀌니 세입자도 바뀌는지 낯익은 얼굴은 한 명도 없었다. 모른 척하는 건 아닌 것 같아 자꾸 옆집을 주시하게 되었고 드디어 주차 공간에 사람이 나타났다.

드르륵 창문을 열어 얼굴을 내밀며 "아저씨, 아저씨는 누구세요?" "아! 이사 왔어요." "살던 사람은요?" 처음 보는 사람에게 안면을 트고 지내던 이웃의 안부를 물은 경험이 없어 말을 더듬거렸다. 긴 시간은 아니어도 우리 집에서 제일 가까운 거리라 따뜻하게 느껴졌는데 낯선 분한테 떠나간 이웃의 안부를 묻고 있자니 씁쓸하기까지 했다.

옆집이 아니라도 동네 사람이 이사를 가면 여러 날을 같이하면서 식사도 하고 송별회를 한 일은 그리 오래되지 않았다. 말도 없이 가는 게 빠르게 발달하는 우리 문화인가. 아니면 대도시의 생활에 내가 적응을 못 해서일까. 오는지도 가는지도 모르고 안 보이면 '갔는가' 나타나면 '새로 왔는가' 하는 세상.

물질은 넘쳐나고 삶의 질은 윤택해지는데 왜 우리 미풍양속은 사라지고 있는지. 떠나는 이삿짐을 끝까지 바라보며 아쉬움에 젖어 눈시울을 적시던 옛 풍습이 그리워진다. 비워진 옆집 장독대에 이사 온 항아리들이 새 주인이 된 날, 하늘도 서운한지 잿빛 구름만 두르고 있었다.

(2003. 4)

새로 생긴 나들이

대부분 사람들은 집이 제일 편안한 곳이라고 여기며 산다. 밖에서 있었던 갈등이나 긴장도 집에 들면 풀리게 마련이다. 옷을 야무지게 여미지 않아도 흉잡힐 일 없고, 행동을 재바르게 하지 않아도 눈치 볼 일 없다. 벗어놓은 옷가지들, 미처 하지 못한 설거지, 제자리가 아닌 곳에 있는 가재도구들. 이런 것들은 정리 안 된 집에서는 흔히 보지만 그래도 집은 편안하다. 그러니 집에 있는 시간이 누구나 좋다. 집이라고 다 편한 것만은 아니지만 마음 놓고 쉴 수 있는 공간이 집이니 무조건 좋다.

밖으로만 돌아서일까. 요즘 답답함을 호소하는 이들이 부지기수다. 나 역시 처음에는 집에서만 있는 게 좋았는데, 사회적 거리두기가 길어지면서 염증을 느낀다. 코로나19가 생기지 않았다면 외국은 못 가도 몇 번의 나들이도 했을 테고 소속된 단체에서 모임도 여러 번 가졌을 것이다. 지난 연말 홈쇼핑 여행 광고를 보면서는 '시간이 되기만 하면 터키를 한번 다녀와야지' 하는 달콤한 생각도 했었다. 광고에 눈이 혹해 든 생각이라 그것까지는 치지 않더라도 물거품이 된 게 한둘이 아니다.

그렇다고 집에 있는 걸 안타까워만 한다고 될 일이 아니었다. 하루는 묘한 생각이 떠올라 안 해본 계획을 세웠다. 집 안에서 나들이를 하기로…. '집에서 무슨 나들이?' 말도 안 된다 싶었지만 계획을 짜니 안 될 것도 없었다. 내가 떠올린 나들이 코스는 어느 집에든 널려 있어 걸리는 것도 없었다. 곳곳에 있는 공간들이니 말이다. 공간도 공간 나름이지만, 절대 눈이 안 가는 공간에는 끌어안고 있으면서 자리만 지키는 물건이 수두룩하지 않은가. 필요한 것은 챙기고 버릴 건 과감히 버리기로, 바로 몸이 달았다.

첫날 나들이 코스는 장롱 안이었다. 장롱은 붙박이를 해 넣은 지가 얼마 안 돼 새것인데, 문을 여니 울긋불긋한 이불들이 줄을 선다. 어느 것을 먼저 꺼낼까 하다 일단 다 꺼내기로 했다. 발꿈치를 들고 위에서부터 내리니 넣어놓고 한 번도 손이 안 간 이불도 있다. 소독약을 끼워뒀는데도 공기가 잘 안 통했는지 손에 닿는 촉감이 뜨뜻미지근했다. 마침 햇볕이 좋아 마루에까지 들고 나가니 일이 커지고 있었다. 먼저 베란다 난간부터 닦는데 햇볕은 내 사정을 도울 참인지 아까보다 점점 밝아왔다. 두꺼운 이불은 난간에 걸치고 얇은 이불은 빨랫줄에 너니 힘에 부쳤다. 하지만 앞뒤를 뒤집어가며 햇볕을 쬐느라 바삐 움직였더니 달린 힘도 잠시 잊었다.

놀라운 햇볕, 이래서 자연을 위대하다고 했을까? 그새 뽀송뽀송한 이불깃의 촉감이 손에 착 안긴다. 손을 댄 김에 다 하느라 다음 날도, 그다음 날도 남은 이불을 다 내 널었더니 장롱이 바닥이다. 언제 바닥에 손을 대 보리, 네 군데 모서리까지 깨끗이 닦아낸 다음 신문 한 장을 깔고 반듯하게 갠 이불을 계절 따라 차곡차곡 쌓았다. 보기가 좋다. 무엇보다 비 온 다음 날 시킨 일광욕이 개운한 마음에 생기를 돋운다.

그러고 나니 붙어 있는 옷 서랍 속도 빼놓을 수 없었다. 이불처럼 꺼냈다. 옷은 이불같이 크지는 않은 대신 개수가 많다. 일단 자주 입는 것과 가끔 입는 것을 분리하니 버려야 할 옷들이 한 아름이다. 가지런히 개어 보자기에 싸 현관 밖으로 내면서는 가까운 거리에 있는 헌 옷 수거함도 떠올렸다. 복잡하던 옷장이 다이어트를 한 것 같고 공간이 여유가 있어 이것 또한 잘한 일이다.

이젠 부엌이다. 눈만 뜨면 드나드는 공간이지만 이곳저곳을 들여다보며 살지는 못한다. 그러니 손님이 온다거나 식구가 모일 때 수저 한 벌이라도 제 짝을 찾으려면 은근히 신경을 쓴 적도 여러 번이다. 며칠 전도 그랬다. 어린 손녀가 찾는 수저가 안 보였다. 매번 올 적마다 그게 제 것이라고 해 적당한 곳을 정해놓고 두었는데도 눈에 띄지 않아 한참을 뒤졌다. 밥상을 앞에 두고 상머리에 앉은 식구들이 아이 비위를 맞추느라 구미가 당기는 순간을 놓쳤다. 분명히 찬장 맨 위 칸에 있다고 알고 있었는데 아래 칸에서 나와 난감하기도 했다. 마음먹은 김에 야무지게 자리를 정하고 작은 메모 하나 붙여 놓았다. 헌 프라이팬, 안 쓰는 접시, 한번 둔 자리에 그대로 있는 대접, 이것들은 찬장에서 내밀리는 순간이라 약간 서운함도 들었지만, 공간이 널찍해서 좋다.

그러고 나니 가방이 보였다. 등산 가방, 여행 가방, 차림 가방 등 용도도 다양하다. 큰 것, 중간 것, 작은 것. 사다 모으는 것은 아닌데 제법 여러 개다. 물세탁이 되는 것만 골라봤다. 그중에서 등산 가방이 제일 지저분하다. 제일 큰 공간부터 지퍼를 열었다. 손수건, 수첩, 팔 토시 등 뭐가 많다. 그런 다음 옆 주머니에 손을 넣으니 볼펜, 수첩 메모지가 있다. 세 번째로 맨 가운데 칸에 눈이 갔다. 오른손을 잽싸게 넣어봤더니 종이 같은 게 잡히는데, 촉감이 좀 다르다. 얼른 꺼냈다.

"어머머! 돈이다." 파르스름한 지폐는 언제 넣었는지 때깔이

고와 보이지 않는다. 뜻밖에 나온 거라 홍분을 감추지 못하고 입을 반쯤 벌린 채 세어봤다. 무려 다섯 장이나. 혼자서 호들갑을 떨기는 멋쩍어 돈을 추켜들고 식구가 있는 데로 가니 같이 웃는다. 잽싸게 하는 말이 압권이다. "공돈이니 맛난 것 사 먹자." 그러면서 내일 본인 가방도 청소 좀 하란다. 흥! 돈이 또 나올까….

나만이 이러면서 요즘을 살까. 전대미문의 전염병 앞에서 하루하루가 고통스럽다. 숲이 자연을 스스로 치유하듯 사람도 자연처럼 닥친 환경에 순응하며 상황에 맞는 일을 찾으면 어떨까. 앉아서 겪는 따분함을 고통이라고 여기지 말고 짧은 거리지만 '새로 생긴 나들이'라 이름을 정하고 이 구석 저 구석을 들여다보는 것도 코로나19를 극복하는 방법이 되지 않을까. 집 안에 있는 공간도 다 알면서 살 수는 없으니 말이다.

(2020. 9)

홀로서기

컴퓨터를 켰다. 모니터 불이 들어오지 않는다. 전기 코드가 빠졌나 하고 선을 만져 봐도 아무 이상이 없다. “왜 이러지” 하며 바라보고 있다가 대책이 서지 않아 건넌방으로 가 남편 노트북을 열었다. 영 눈이 설다. 자판이 손에 익지 않아 더듬더듬하다 그냥 닫아버렸다.

어떻게 해야 하나 궁리를 하는데 남편이 들어왔다. 모니터 얘기가 저절로 나왔고 남편은 바짝 다가서며 고쳐볼 자세다. 당당한 눈빛이 금방 고칠 것 같아 마음이 놓이는데 반반한 모니터는 묵묵부답이다. 가만히 보니 남편도 내가 한 것처럼 전기 코드를 몇 번 끼웠다 뺐다 하는 게 고작이었고, 반응이 없자 고치러 가겠단다. 급하다는 느낌이 들었는지 얼른 들고 나갔다. 몇 분이나 흘렀을까 남편은 전화를 걸어 왔고 수리를 하는 기사 말을 전했다. ‘모니터가 오래돼 고치는 것보다 사는 게 낫겠다고’ 나는 이 사실을 바로 아들한테 전했고 아들은 본인이 알아보겠단다.

컴퓨터가 안 되니 해야 할 일도 멈추어야 했고 바쁜 마음을 가라앉히느라 A4 용지를 쥐고 컴퓨터 앞에서 혹시나 싶어 여닫기를 반복하며 애를 태웠다. 그러다 이틀 후 큼직한 모니터 박스가 배달됐고 포장을 뜯기에 바빴다. 풀어놓으니 발판과 전기 코드 등은 어느 정도 손을 봐야 했는데 남편은 언제 끼워 맞추었는지 책상 위에 모니터를 반듯하게 세웠다. 그런 다음 전기 코드를 꽂자 불이 들어왔다.

그런데 이상하게도 불은 들어왔는데 화면이 뜨지 않았다. 둘이서 쳐다보고 머리를 굴려 봐도 냉정하리만치 꿈쩍도 안 했다. 남편이 잘못 만져 그런가 싶어 설명서를 다시 읽어보라고 다그쳤고 남편은 잘못한 게 없다고 딱 잡아뗐다. 안 되는 기기 앞에서 서로 주장만 내세우니 슬슬 목소리가 커졌고 아들에게 물어볼까 하다 모니터 뒤쪽 전기선을 살짝 건드리니 화면이 떴다.

쏜살같이 헌 모니터에 있었던 아이콘이 밤하늘에 별이 뜨듯 속속 솟았다. 반갑기도 하고 재미도 있어 입을 벌린 채 지켜봤다. 사람 기술의 한계가 어디까지인지 의심스러울 정도로 의아해지면서 나타난 아이콘이 꽃망울이 벙그는 느낌마저 들었다.

막내가 결혼할 때다. 새 둥지를 트는 아이보다 어미인 내 걱정이 더 됐다. 컴퓨터와 휴대전화를 사용하다 안 되면 어떡하지 싶어서다. 생각이 맞았는지, 아이가 없는 것을 확인이라도 하듯 문제는 연달아 터졌고 그럴 때마다 발을 동동거리며 애간장을 녹였다. 보낸 문자가 빨간 점을 찍고 그대로 있다거나 밝기 조정을 못해 돋보기를 끼고도 무슨 글자인지를 몰라 애를 먹던 일 등. 그래도 전화기는 부피가 작고 골목마다 가게가 있어 바로바로 뛰어가 알아낼 수 있었다.

컴퓨터는 다르다. 무게도 있을뿐더러 금방 달려가 물어볼 상황도 못 된다. 접수를 해야 하고, 집에 사람이 있어야 하고 절차와 순서를 꼭 필요로 하니 성가시고 번거롭다. 자연히 불똥은 아들한테로 튀었고, 아들은 주말에 와서 고쳐 주기도 하고 주말에 시간이 안 되면 저녁에 와서 손보아 준다. 고쳐놓고 의심스러운 부분은 알아듣게끔 설명까지 해주니 전문 기사가 돼 버렸다.

그저께다. 누가 메일을 보냈는데 첨부해온 파일이 열리지 않았다. 진즉부터 이런 현상은 있었지만 매번 아들한테 알리는 게 미안해 이것저것 눌러보다 '미리 보기' 를 누르니 아쉬운 대로 볼 수 있었다. 바로 열리는 것보다는 불편하지만 그런대로 위기를 모면할 수 있어 아들이 오기만을 기다리는 중인데 코로나19가 터졌다. 발이 묶였으니 이러지도 저러지도 못하고 있는 참이었다.

이제 더 이상 참을 수 없어 아들한테 말을 해 버렸다. 아들은 '원격' 방법이라며 내 컴퓨터에 들어왔다. 나는 가만있는데 모니터에 아들의 커서가 들어와 움직이는 식이다. 한참을 여기저기를 기웃거리더니 오래도록 안 열렸던 파일이 열리는 것이다. 얹힌 체기가 확 뚫리는 것 같으면서 세상 참 좋다는 말이 거침없이 튀어나왔다. 막히지 않는 길을 승용차로 와도 한 시간은 족히 달려와야 하는데 집안에 앉아서 불과 몇 분 안에 손봐주니 얼마나 생광스러운지 눈물이 핑 돌 뻔했다.

우리 속담에 '이 없으면 잇몸으로 살지' 라는 말이 있다. 기계치인 내가 컴퓨터를 수시로 열면서 파릇한 아이들이 옆에 없어도 이럭저럭 헤쳐갈 수 있는 것은 현대 문명의 힘일 것이다. 어떨 땐 오류가 난 부분을 사진을 찍어 보내기도 하고, 문자로 온 가족이 드나드는 방에 올리기도 한다. 그러면 먼저 본 누군가가 답을 올려주고 나는 바로 받아 써먹는다.

아이들 키울 때 자주 들은 말이다. 아기가 걸음마를 배우다 넘어지면 잽싸게 달려가 일으켜 주는 것보다 스스로 일어나게 도와주는 게 옳은 방법이라고. 그때는 그 말이 비정하게 들렸는데, 내가 힘에 버거운 컴퓨터를 다루면서 새삼 떠올릴 수 있었다. 바로 옆에 아이들이 있었다면 이 작은 요령이나마 터득했겠는가. 꼭 해야 할 일이 생겼을 때 컴퓨터가 멈추면 어떻게라도 하던 일을 마무리 지으려고 이곳저곳을 만지다가 키보드에 건전지가 들어간다는 것도 알았고, 큰 누에고치 모양으로 생긴 마우스에도 건전지 약이 숨어있었다는 사실도 깨달았다. 이런 게 홀로서기가 아닐까.

(2020. 4)

화살표

만나자고 한 친구가 지하철 몇 번 출구로 나오라는 문자를 보내왔다. 시간을 지키기 위해 서둘러 집을 나섰다. 동네에서 지하철을 타고 한 번 환승한 뒤 정해준 역에서 내렸다. 전화기 속 문자를 보며 다시 숫자 확인을 하고 있는데 역 벽면에 노란 바탕에 까만 화살표가 내가 찾는 출구 숫자를 가리키고 있었다.

사람들을 비집고 그어진 대로 따라갔다. 자주 가본 역이 아니라 그런지 영 주위가 생소한데 화살표는 든든한 길잡이가 됐다. 그때다. 중년으로 보이는 여인이 8번 출구가 어디냐고 물었다. 얼른 앞을 보니 역 기둥에 숫자가 쓰여 있어 그 숫자를 손가락으로 가리키며 여인에게 이대로 따라가라고 일러줬다.

지하철 화살표는 시험지 답안처럼 정확하다. 열차에서 내려 어리둥절하다가도 나갈 출구 숫자 위에 화살표만 있으면 아무리 생소한 길이라도 쉽게 찾을 수 있다. 규모가 큰 역은 열 개 넘는 숫자가 쓰여 있기도 하지만 목적지와 연관이 있는 숫자만 따라가면 절대 헤맬 일은 없다.

그러니 누구든 만날 장소가 애매하다거나 혼란스러울 땐 '지하철 몇 호선 몇 번 출구'로 정한다. 이미 굳어져 있다. 어떨 땐 굳이 지하 통로로 내려가지 않아도 되는데 숫자 옆에 쓰인 지역을 보기 위해 내려가기도 한다. 지상도 아닌 곳에서 그런 표시가 없으면 어디로 가 환승을 하고 어떻게 빠져나갈 것인가. 볼 때마다 온전한 가리킴의 표시가 나는 참 좋다.

화살표를 보면 돌아가신 어머니가 생각난다. 어머니는 언제나 옳고 바른 길을 강조하셨다. 아무리 눈앞에 이익이 보여도 아닌 건 아니었다. 솜씨도 좋으셨지만 무슨 일이든 지하철 가리킴의 표시처럼 정직하고 지혜로우셨다. 어린 시절 기억에는 어머니가 대청마루에서 글을 읽던 모습이 떠오르는데 책 속의 좋은 얘기는 우리들에게 몇 번이나 강조하시면서 바르게 사는 삶을 일깨워 주셨다.

얼마 전이다. 큰 형부 생신날이라 부산으로 달려갔다. 기차역에 내리니 수원 동생 부부가 기다리고 있었다. 지리를 잘 아는 제부가 길 안내를 하려는데 대구 사는 언니 셋째 딸도 나타났다. 반갑게 인사를 하고 있는데 부산 토박이인 언니 큰딸은 차를 가지고 왔다. 집은 그리 멀지 않은 거리였는데 도착하니 각처에서 모여든 형제들이 안부를 나누고 있었다. 형제가 많으니 떠들썩한데 해가 뉘엿뉘엿 지자 언니 딸 다섯 자매가 다 모이면서 집 안이 꽉 찼다. 커다란 상 앞에 앉아 케이크도 자르고 정담을 나누었다. 밤을 새워도 할 얘기가 남을 것 같은데 시곗바늘은 저만치 가고 있었다.

언니는 앉은자리에서는 잠을 다 잘 수 없다면 가까이 사는 큰딸 집으로 옮기자는 거였다. 그런데 나는 그냥 있고 싶었다. '비좁으면 어때' 싶기도 했지만 서울서 간다고 새벽부터 서둘렀지, 출출하던 차에 배부르게 먹었지, 아랫목 따뜻하지, 움직이는 게 싫었다.

안 가겠다는 내 말을 오빠가 들었고 오빠는 우리가 비켜주는 게 좋겠다며 일어섰다. 엄마 성품을 꼭 닮은 오빠의 한마디는 영이 안 설 수가 없었고 모두 일어나 몇 대의 차에 나눠 타고 30여 분 거리에 있는 조카 집으로 갔다. 언니 집보다 더 넓은 조카 집은 신세다 젊은이답게 꾸며져 있었다. 우리는 마루에 둘러앉아 또 남은 얘기를 꺼냈고 밤이 이슥하도록 놀다, 잠이 언제 들었는지도 모르고 눈을 뜨니 아침이었다.

창문을 여니 바로 앞이 바다였다. "어머나 바다!" 하니 누군가가 오륙도도 보인다며 외쳤고 볼록볼록한 섬들이 한눈에 들어왔다. 미처 일어나지도 않고 있던 동생도 바다 얘기에 눈을 떴고 어서들 나가 보잔다. 주섬주섬 겉옷을 걸치고 우르르 신발을 신었다. 미리 알고 간 게 아니라 그 신기함과 새로움은 어떤 말로도 표현할 수가 없었다.

이름난 관광지답게 잘 다듬어진 길. 앞으로 가며 오륙도가 가깝고 옆으로 가면 해파랑길이라고 쓰인 아담한 표지판. 일부러 간 게 아니었지만 엉뚱하지도 않고 오히려 마음은 부풀 대로 부풀었다. 올케언니와 여동생들은 저쪽을 가리키며 들뜬 몸짓으로 얘기를 하고 손에 잡힐 것 같은 오륙도는 우리를 쳐다봤다.

해가 막 뜨는 시간인데도 낚싯배의 분주함은 분초를 다투는 느낌이었고 완전무장을 한 낚시꾼들은 끼리끼리 배에 오르느라 서두르고 있었다. 형제들은 수평선 너머까지 보겠다고 눈 안에 꽉 찬 의욕으로 발뒤꿈치까지 드는데 해녀들이 불쑥 나타났다. 이미 물질을 하는 해녀도 있고 아직 바다에 들지 않은 해녀도 보여 그들의 움직임에 가슴이 벌렁거렸다.

어디쯤에서 해산물이 많이 잡히는지 바닷속을 모르는 우리야 알 수 없었지만 그들은 한결같이 왼쪽 방향으로만 물살을 갈랐다. 금을 그을 수 없는 물 위이지만 그들 마음속에는 잘 그어진 화살표가 분명 있는 것 같았다.

새로운 삶의 현장을 느닷없이 구경한 아침. 엄마가 그랬듯이 언니 역시 모처럼 만난 동생들이 더 보람 있게 놀다 가라고 온갖 지혜를 짜 우릴 주변 경관이 좋은 조카 집으로, 그 밤에 가자고 한 것일 게다. 떨어져 살고 있어도 올바른 잣대로 동생들을 아우르는 언니의 마음속 화살표는 만 하루를 준비하면서도 엄마를 똑 닮아있었다.

(2019. 12)

남이 우선이었다

땅콩 한 봉지를 앞에 두고 뭘 해 먹을까 궁리를 하다 양념장에 조리기로 마음먹었다. 우선 하나를 집어 입에 넣어보니 생땅콩이라 약간 비릿한 내가 난다. 밥에 미처럼 섞인 자주색도 마찬가지다. 자주색 땅콩은 처음 보는 거라 신기하기도 하다. 물, 진간장, 조청을 적당한 비율로 한 다음 땅콩을 넣어 불을 올렸다. 보글보글 끓을 무렵 나무주걱으로 젓기 시작해 센 불에서 중불로, 중불에서 약불로 조절했더니 알맞게 조려졌다. 주걱에 묻어나는 콩은 옅은 밤색이 반지르르하다. 맛을 보니 고소한 게 입에 착 달라붙는다.

밑반찬 하나를 성공한 재미가 이루 말할 수 없는데 전화벨이 울렸다. 땅콩을 내게 준 그녀다. "성님, 자주색…." 그녀는 자주색 땅콩을 내가 썩은 거라고 버릴까 봐 전화한 것이었다. "아니요. 나도 처음에는 안 본 거라 눈이 설었는데 잘 야문 것이네요."

하자 까르르 웃는다. 나는 경상도, 그는 전라도, 두 사람의 말은 사투리라 땅콩을 가운데 두고 억양은 달랐다.

그는 참 야무지다. 봉사 기관에서 만나 알고 지낸 지는 한참이 됐는데 볼 적마다 좋은 인상을 준다. 정직한 건 말할 것도 없고 배려하는 마음도 누구보다 앞서있다. 사람들이 모이는 곳에는 언제나 그가 있고 먹거리도 있다. 나눠주는 걸 좋아하고 일이 있으면 먼저 소매를 걷어붙인다. 그런 그를, 보는 사람마다 세상을 이끌어가는 주역이라며 한마디씩 한다.

그녀를 우러러볼 수밖에 없는 것은 또 있다. 고운 피부며 밝은 미소다. 나이보다 한참 어려 보이는 얼굴을 보면 힘든 일을 하며 살아온 것 같지 않다. 항상 웃고도 있다. 그러나 그녀의 삶을 들여다보면 호락호락하지 않았다. 시골 출신인 그녀는 가난한 집 딸이었고 앉아서 가난을 받아들이기는 너무 버거워 어린 시절 부모님 몰래 상경을 했단다. 찬란한 불빛이 온 도시를 밝혀도 몸 하나 뉠 곳이 없던 서울.

그가 갈 곳이라곤 지하 공장뿐이었다. 재봉틀이 밤낮으로 돌아가는 그곳에서 온갖 잔심부름을 하며 일을 배웠고 일이 몸에 익으면서는 쉴 새 없이 재봉틀을 돌려 기술자가 되었다. 어느 정도 자리가 잡히자 고향에 있는 동생들을 한 명 한 명 불러올렸고 월급은 타는 족족 부모님께 보내드렸다. 그러자 부모님도 집을 나간 딸을 이해하게 되었고 그녀는 집안의 가장이 되다시피 했다. 그러니 큰일은 늘 먼저 챙긴다.

밤낮으로 노력한 대가. 하늘은 그를 외면하지 않았고 지금 그는 여유를 누리며 편하게 살아도 된다. 동생들도 훌륭하게 자라 잘 살고 있다. 그런데도 한시도 손을 놓지 않고 일한다. 봉사에 눈을 뜨면서부터는 더 바쁘다. 얼굴도 예쁘고 마음도 고우면서 주변을 감동시키는 그녀를 보면 몇 년 전에 딱 한 번 만난 여인이 떠오른다.

숲 공부를 해 보겠다고 들떠 있던 어느 날이다. 주말이었는데 민속 식물연구소 소장님의 강의를 현장에서 들을 기회가 있었다. 서둘러 찾아간 곳에는 늘 붙어 다니던 친구가 나오지 않았다. 약속은 했지만 급한 사정이 생겨 못 나온 친구 자리를 채워줄 사람은 아무도 없었다. 서먹해하며 주변을 배회하고 있는데 저쪽에서 있던 여인이 인사를 했다.

그는 내가 혼자 겉도는 것이 보기가 안됐는지 아는 사람처럼 다가왔다. 누군지는 모르지만 상냥하기도 하고 발랄해 허한 마음에 온기가 돌 정도였다. 목적지까지는 조금 더 가야 했는데 횡단보도를 건널 때도 발을 맞춰 주었고 양산을 펴면서는 그늘을 넘겨주느라 바짝 다가섰다.

도착한 장소에는 소장님이 와 계셨다. 자리가 차자 한 무리 온 그녀의 일행을 소장님이 소개해 주셨는데 모 대학의 숲 공부 동아리였다. 인터넷을 통해 이미 알고 있는 그들은 만만하게 대화를 나누기도 하고 미처 못 온 동료를 챙기기도 했다. 그러나 나랑은 세대 차이가 나 몸이 오그라드는 것은 어쩔 수 없었다. 여인은 연신 나를 쳐다보며 물을 먹으면서는 같이 먹자고 했고 더 붙어 앉으라며 몸을 당기기도 했다. 본 적도 만난 적도 없는 그녀가 고맙기 그지없었다.

이윽고 강의가 시작되었다. 소장님 강의는 미리 준비해온 프린트물을 나눠주고 그걸 보면서 이어질 모양인데 예상한 것보다 사람 수가 많아 프린트물이 모자랐다. 그는 잽싸게 자기 손에 있는 걸 옆 사람에게 주며 본인은 받아 적겠단다. 사람들은 다 그를 쳐다보았고 분위기는 순간 숙연하기까지 했다.

바람이 나뭇가지 사이로 비집고 들어오는 숲속, 소장님의 강의는 머릿속으로 쏙쏙 들어왔다. 어디서 왔을까 잠자리 한 마리도 같이하려 들었다. 갑자기 어깨 위로 날아다니니 혼란스럽고 성가시었다. 나는 쫓아버리고 싶어 손을 내밀었는데, 그녀는 손등에 앉아도 숨을 죽이며 꿈쩍도 안 했다. 사람에게만 친절한 게 아니라 하찮은 곤충도 아끼는 그녀였다.

끝이 나고 내려올 때다. 앞사람부터 자연히 줄이 됐다. 어느 틈엔가 그와 나는 사이가 벌어지고 말았다. 고마웠다는 말을 못 한지라 자꾸 눈이 뒤로 가는데, 지하철역에 닿았다. 들어오는 열차를 보며 아쉬움에 젖어 다시 고개를 돌릴 때 그녀가 나타났다. 같은 방향이었다. 반가움을 안고 열차에 올랐고 우리는 얘기를 나누고 싶어 저쪽 비어 있는 자리로 갔다.

알고 보니 그녀는 국가기관의 계약직 직원이었고 아기 엄마이면서 공부를 하는 학생이었다. 천주교 신자로서 틈틈이 봉사를 한다는 그는 차 안에서도 방금 탄 사람이 앉을 자리가 없자 벌떡 일어났다.

단 하루 만나면서 그토록 친절했던 그녀, 도시에서 먼 농촌을 다니며 힘들게 땅콩 농사를 지은 그녀, 그들의 공통점은 '나보다는 남이 우선' 이었다.

(2020. 4)

색다른 추억

경춘선 지하철이 생겼다는 뉴스를 보면서 타 보고 싶은 충동이 일었다. 그러던 차에 눈이 내렸고 눈 구경도 할 겸 나와 남편은 집을 나섰다. 도착한 역은 방송의 힘인지 춘천까지 가려는 사람들이 난전을 방불케 했고 우리는 간신히 열차에 올라 한쪽에 설 수 있었다. 계속 밀고 들어오는 사람들.

가만히 보니 또렷이 목표가 있어서 가는 건 아닌 것 같고 대부분 우리처럼 지하철을 타고 춘천을 가보고자 하는 호기심인 것 같았다. 차가 움직이자 사람들은 저마다의 일행들과 입을 모아 살아가는 이야기를 주고받았다. 선 사람은 선 채로, 앉은 사람은 앉은 채로 밖을 내다보는데 바깥 풍경은 아들이 군대 갈 때 입영열차 안에서 본 경치와는 별반 다르지 않았다.

아들이 입대하는 날도 차 안은 빼곡했다. 배웅하는 사람들이 부모님과 친구들이라 주로 젊은 층이었는데 하나같이 떠나보내는 아쉬움에 눈시울을 적시는가 하면 초조한 낯빛이었다. 군 생활 잘하라는 말로 긴 위로를 반복하면서 더러는 성급하게 제대할 날을 세어보는 부모도 있었다.

머리를 빡빡 깎은 어느 입영자가 큰 기적소리를 들으며 넌지시 눈을 감을 때는 나도 마음속으로 아들이 군 생활 동안 무사하기를 빌었고 다른 부모도 별반 다르지 않은 표정이었다. 이별이라는 말이 열차 안을 방불케 한 그날은 하늘도 흐려져 있었다.

지하철을 탄 사람들은 목표가 다르니 냉정한 표정을 지을 일도 없고 시간을 재어가며 긴장할 필요도 없다. 죄다 목소리가 카랑카랑하다. 저쪽으로 보이는 나무도 아들이 입대하는 날처럼 쓸쓸해 보이지 않고 눈을 한 주먹씩 달고 보라는 듯 서 있다. 역이 가까워져 올수록 풍경은 더 화려해 보였고 진눈깨비도 질세라 뿌리다 말기를 반복했다.

도착해서는 내려야 하는데 빠져나갈 수가 없었다. 질서를 안 지키면 한꺼번에 다 엎어질 것 같아 가만히 서 있었다. 한참 있다가 발을 옮겼는데 역 맞이방도 사람 외엔 아무것도 보이지 않았다. 서울 사람을 열차가 다 부려놓은 듯한 느낌이 들면서 점심 한 끼 먹을 일이 걱정거리로 돼 버렸다.

나는 그 와중에 천안까지 지하철이 개통될 때가 떠올랐다. 결혼식이 있어 그쪽에 가던 날 혼이 났기 때문이다. 사람 속에 끼어 꼼짝달싹도 못 하고 끝까지 서서 갔는데 난리도 그런 난리가 없었다. 다시는 장거리 지하철은 절대 안 타겠다고 다짐해놓고 또 그런 승객이 되었으니 꼭 이용해야 할 사람들에게는 미안하기 짝이 없었다.

생각을 채 접지도 못하고 건물을 빠져나와도 사람은 북적댔다. 그저 앞사람만 보고 걸을 수밖에 없었고 한 십여 분 정도 걸었을까, 식당 간판을 붙인 봉고차 한 대를 발견할 수 있었다. 평소 같으면 함부로 낯선 차에 오르지 않지만 다른 사람들이 울이 돼 냉큼 올랐다. 오르자마자 기사는 홍보지 한 장을 돌렸고 읽어보니 식당이 혼잡하다며 차 안에서 주문을 하라는 문구가 쓰여 있었다.

시키는 대로 따를 수밖에 없었는데 기사는 한적한 시골 마을에 우릴 내려놓았다. 가정집으로 보이는 건물 안으로 재빠르게 들어가 자리를 잡았다. 말로만 들어본 닭갈비가 나와 맛나게 먹을 수 있었는데 헤어진 지가 금방인 기사는 목을 쭉 빼 방을 들여다보며 나갈 손님 있느냐고 물었다. 서둘러야 서울로 갈 수 있다는 말을 힘주어서 하는 기사는 손님을 태우러 가면서 빈 차로 가니 우리를 태워 갈 요량 같았다. 먹은 둥 마는 둥 하고 일어섰다. 일은 일대로 하고 손님들한테는 있는 대로 생색을 내는 기사는 유행가 한 곡을 크게 틀어놓고 신나게 달렸다.

역에는 내릴 때 못지않게 사람들이 들끓었다. 열차 문이 한 번 열릴 적마다 봇물 터지듯 사람이 나오니 그럴 수밖에 없었다. 어디에서들 한 끼를 때웠는지 입술이 발그레해져서 우리처럼 돌아가기 위한 사람들도 많았다. 떠밀려서 발을 내딛는데도 표정들은 밝았다.

입영하는 아이를 데리고 경춘선을 탄 그날과는 대조적이다. 눈시울을 적실 일도 없고 바깥 풍경을 보고 안 즐길 일도 없다. 그날은 오직 아들이 군 생활에 잘 적응하기만을 빌었을 뿐이다. 검푸른 소나무가 차창을 스칠 때도 아들도 저 소나무처럼 겨울을 씩씩하게 났으면 했고 또 말라버린 야생화를 보면서는 때가 되면 혼자서 꽃을 피우는 야생화처럼 아들의 마음밭도 홀로서기에 물이 들기를 빌었다.

부대에 들어가기 직전 먹었던 해물탕도 어찌 잊으랴. 바다 내음이 물씬 나는 해물을 아들 수저에 올리며 아들은 다시 내 수저로, 그러기를 반복하다 시간이 임박해서야 아들이 국물에 밥을 말아 훌훌 먹어 버려 건더기만 내 수저에 남아 있었다. 딱 한 끼를 그렇게 먹었는데 기억은 수천 번 한 것처럼 생생하다.

빼곡한 지하철을 타고 가서 먹은 닭갈비도 짠한 그리움을 안고 오래도록 남을 수 있을까. 나들이의 성질이 확연히 달라 튼실한 뿌리를 내리진 못했지만 수많은 사람 속에 묻힌 건 색다른 추억으로 남아 있다.

(2010. 12)

팔랑이던 리본

걷고 싶었던 서울 둘레길을 걸을 참이었다. 준비해둔 약도와 가방을 챙기고 있는데 전화벨이 울렸다. 같이 나서려고 한 남편이 사정이 생긴 것이다. 며칠 전에는 철석같이 믿었던 친구가 안 되겠다고 하더니 이래저래 함께할 사람들이 다 떨어져 나갔다. 그래도 마음먹었던 일이라 해 보려고 하는데 낯선 길을 가는 것이 두려웠다.

긴 숨 호흡을 하며 "아니야, 부딪쳐 보는 거야" 하고 다시 약도를 보며 좀 덜 외진 길을 찾아봤다. 6코스였다. 서울 둘레길은 구간이 여덟 개 코스로 나뉘어 있는데 6코스는 안양천이었다. 마을을 끼고 있어 혼자 걸어도 괜찮을 것 같아 일단 가보기로 마음을 굳혔다. 몇 번을 거쳐 차를 갈아타고 도착한 길은 막 물이 드는 단풍으로 둘러싸여 있었다. 경사가 없어서 걷기에는 수월해 보였고 서울 둘레길이라는 이정표도 선명하게 그어져 있었다.

혼자라는 것은 왠지 급했다. 망설일 새도 없이 걸음을 내디뎠다. 사방을 바라보며 "방송으로만 들은 안양천이 바로 이런 곳이었구나." 하는데 도심에서 쉽게 볼 수 없는 일이 눈앞에서 일어났다. 인근 건물에서 나온 젊은 남녀의 걷기다. 점심시간을 이용해 산책할 모양인데 한두 명도 아니고 줄이 길다.

어깨를 나란히 한 그들은 삽시간에 나를 에워쌌고 뜻하지 않은 행진이 시작되었다. 젊음은 어느새 나에게 번져 뻐근했던 오금이 풀리는 듯하고 무겁던 가방도 가뿐해졌다. 점심시간이 길지 않은 건 그 동네도 마찬가지였고 그들이 금세 사라지고, 작은 새 몇 마리는 빈자리를 메워 주겠다고 그저 지저귀었다.

날씨는 참 희한했다. 순간 시커먼 구름이 몰려오면서 큰 굉음을 질렀다. 눈을 돌릴 새도 없이 비가 쏟아졌다. 지나온 정자로 되돌아가 비를 피한 건 순식간이었고 벌써 바짓가랑이는 젖어 버렸다. 정자에 기대어 물이 뚝뚝 떨어지는 한쪽 다리를 반쯤 걸치는데 눈이 닿은 곳은 개천이었다. 유유히 흐르는 물 위에 빗방울이 그리는 동그라미가 장관이다. 점점 커지다 사그라지고 또 생기고 그걸 보고 있노라니 물속에 정신이 빨려들었다. 멍하니 보다 자리를 털고 일어날 때는 주변 풀들은 빗방울에 눌려 납작 엎드린 상태였다.

생각이 비에 빼앗겨서일까 잘 보이던 이정표가 없다. 소나기가 내린 것밖엔 변한 게 없는데 길이 끊길 만하면 있던 이정표가 도통 보이지 않았다. 멀뚱멀뚱하면서 고개를 젖히니 빨간 리본 하나가 나뭇가지에 매달려 시선을 잡았다. 발을 들고 나뭇가지를 잡아당겼다. 리본에는 서울 둘레길이라는 글자가 숨어 있었다.

리본을 따라야만 했는데 조금 가니 길 안내지에서 읽은 스탬프를 찍는 빨간 우체통이 나왔다. 가방을 내리고 안양천이라고 쓰인 스탬프를 찍었다. 스탬프를 찍는 건 그 길을 걸었다는 증거였다. 한 코스에 몇 개가 있다고 했는데 찍는 재미가 쏠쏠했다. 길을 고안한 사람들이 걷다가 힘이 들면 성취감 같은 걸 느끼게 하려고 이런 순서를 넣었지 싶었다. 나는 그날 이정표와 리본을 번갈아 보며 안양천 스탬프 세 개를 다 찍는 기록을 세웠다.

다음 날은 7코스인 앵봉산이었다. 앵봉산은 안양천과는 달리 경사가 가팔라 이정표보다 빨간 리본이 더 눈에 띄었다. 높은 나뭇가지에 매달려 바람의 방향으로 춤을 추는 리본은 교통순경이나 다름없었다. 인적이 뜸해 잔뜩 긴장돼 있다가도 보이기만 하면 땀이 멎는 기분이 들 정도였다.

그러니 리본은 절대적인 신뢰감을 주었고 보이기만 하면 아마득한 길이 줄어드는 느낌마저 들었다. 간혹 심술궂은 사람들이 떼어버린 곳도 있었지만 그런 곳에서는 찾으려고 올라갔다 내려갔다 예정에 없던 걷기를 했다. 결국, 한 구역을 송두리째 빼 먹고 나타날 땐 반가움에 겨워 이산가족이 따로 없었다. 얼핏 보기에는 가녀린 천 조각이었지만 그의 위력은 어떤 경고보다도 엄중했다.

나는 문득 '나도 리본 같은 역할을 해 본 적이 있었나?' 하는 엉뚱한 생각이 들었다. 아무리 떠올려 봐도 리본 같지는 못한 것 같다. 길을 안내했다면 설익은 눈대중으로 "저쪽으로 가세요. 아니면 여기서 방향을 트세요."가 고작이었지 싶다. 그랬으니 나에게 길을 물은 사람은 조금 걷다가 또 다른 누군가에게 묻지 않았을까. 잘못된 방식이었다는 것을 리본을 통해 깨달았다.

둘레길에서 만난 어느 대학생 아버지는 그랬다. 우리가 모두 리본 같은 존재가 된다면 세상일은 무슨 일이든 어렵지 않을 거라고. 그러면서 그는 방학하면 아들을 데리고 걷겠다는 말도 덧붙였다. 그의 말속에는 살아가면서 순탄치 않은 일이 생겨도 리본처럼 제자리만 잘 지키면 불편하지 않다는 걸 보여 주고 싶다는 뜻이 담겨 있었다.

너무 여려 소슬바람에도 몸을 흔들었지만 절대적인 역할을 하던 리본. 서울 둘레길 157킬로를 16일 만에 완주하면서 주의와 주목이 필요한 곳에서 나를 안내해 준 리본을 잊을 수 없다. 앞으로는 누가 길을 물으면 "저쪽으로요" 하지 않고 빨간 리본처럼 정확하게 말하리라. 바람에 팔랑이던 그 여린 것을 떠올리면서.

(2017. 1)

뜨거운 감자

감자가 온다고 문자가 도착했다. 퍼뜩 열어보니 보낸 주소 칸에 어느 농협 마크가 찍혀있다. "누가 보냈지?" 하고 머리를 굴려봐도 짚이는 사람이 없다. 그러다 남편에게 전화를 걸었다. "감자 사지 마세요." 말이 끝나자 벌써 샀단다. 다른 때는 이런 자상한 심부름을 안 하는 사람이 그날따라 아침에 나가면서 감자를 사 올까 물었다. 며칠 전 감자 몇 개가 필요하다고 입엣말로 했는데 그걸 귀담아들었던 모양이다. 한 박스나 온다는데 이미 샀다는 말에 부담이 밀려왔다. '양이 많은데' 하며 소비할 곳을 찾으려고 주변을 떠올리고 있는데 남편이 들어왔다. 손에 든 감자 이천 원어치는 상상외로 많다. 거기에다 곧 올 택배와 연관을 시키니 더 많아 보인다. 싹이 나는 계절이라 보관하기도 어렵고 오래 두면 버릴까 봐 다 물에 담갔다. 깨끗이 씻어 놓고 어떤 요리를 할까 궁리를 하니 양이 많아 딱 마음에 드는 것은 없었다.

그러자 택배가 왔고 보낸 주소를 상세히 읽어보니 아들 이름이 있다. 아들은 감자 농가가 어렵다는 말을 듣고 팔아주기 행사에 참여하는 것 같았다. 수화기를 들어 고맙다는 말을 건네는데, 거무스레한 흙이 묻어있는 감자는 움푹 팬 눈마다 싹이 나올 준비가 돼 있었다. 바로 먹어 치워야겠다는 중압감이 또 들었다.

평상시 같으면 주말에 식구들이 모이며 얼른 줄어들 수도 있는데 누구나 오도 가도 못 하는 상황 아닌가. 이웃도 그렇다. 엘리베이터를 타도 사회적 거리 두기가 이미 소문이 나 있어서인지 얼굴도 안 보고 인사를 한다. 감자 주겠다고 문을 두드리는 것은 예의가 아니다. 활동이 활발할 때라면 삶아서 밖으로 가지고 나가 나눠 먹어도 되는데, 그것도 아니지 않은가. 부담돼서인지 아까 씻어 놓은 감자를 반이 넘게 불에 올렸다. 오늘 해야 다 져서 먹을 새도 없지만 내일 먹으면 되겠다 싶었다. 저녁밥은 평상시와 다름없이 먹었고 열 시나 돼서 잠자리에 들었다. 그날따라 자다가 잠이 깨었고 문을 열고 나가는데 뜻밖에 삶아 놓은 감자가 보고 싶었다. 불을 켜고 주방으로 가 솥뚜껑을 열었다.

감자 솥이 쑥 내려가 있다. "아니 분명 가득 채웠는데, 이 밤에 누가…" 남편이? "아니야, 그럴 리가 없어." 멍해져 있다가 그래도 집에 사람이라고는 한 사람뿐이라 자는 사람을 깨웠다. "감자

먹었어요?" 망설이지도 않고 먹었단다. "아니 먹었다고? 언제?" "아까 텔레비전 보면서." "밤이 몇 시인데 먹어?" 누가 먼저랄 것도 없이 목청이 커졌다. 화가 나 못 참겠는데 "그깟 감자 한 개 먹었는데…" 하는 말에 더 화가 났고 지지 않으려고 목소리를 높이다 보니 할 말은 끝이 없었다. 시계를 보니 밤중이라 억지로 소리를 낮췄다. 먹은 사람도 자기 딴에 분을 못 삭여 씩씩대고 나 역시 늦은 밤에 음식을 먹으면 나쁘다는 말은 더 하고 싶었다. 온통 감자 얘기만 하다가 해묵은 말까지 꺼내며 야밤에 다시는 안 볼 듯이 서로 노려봤다.

남편은 근래에 와 병원 출입이 잦다. 누구나 살다 보면 한두 가지 잔병은 지니고 산다고 하지만 남편도 예외는 아니다. 문제가 한두 곳이 아니라 여러 번 검사를 받았다. 병원에서는 가릴 음식을 일일이 말해주면서 탄수화물을 덜 먹는 게 약이라는 말도 수없이 한다. 자주 듣다 보니 자연히 조심하게 되고 음식을 만들어도 신경이 쓰인다. 밥을 할 때는 여러 가지 잡곡을 섞느라 부산을 떨고 채소도 골고루 준비하느라 장도 자주 본다. 손이 가는 주스를 만드느라 아침마다 온 부뚜막에 그릇이 놓이고 일거리가 많다는 걸 본인도 안다.

코로나19가 터지고는 면역력을 높여야 한다는 말도 많이 들었다. 주워들은 소리를 따라 하느라 양파, 마늘, 브로콜리, 파프리카, 들깨, 부추, 등을 섞어서 믹서에 갈기도 한다. 또 어느 날은 유명한 연예인이 콩도 좋다고 해 그것도 도움 되겠다 싶어서 하고 있다. 정작 본인은 먹기만 하면 되는데 처음엔 먹는 것도 싫다고 뒷걸음질을 쳤다. 그래도 먹어서일까? 건강이 좋아진 건 확실하다. 병원 가는 것도 줄고 앓는 소리도 덜 하는 데다 입맛도 있어 보인다. 성가셔도 병원에 따라다니는 것보다 나아 꾸준히 하고 있는데 자다가 감자를 먹다니, 아무리 잠을 청해도 잠이 오질 않았다.

다음 날도 감자 얘기를 더 하고 싶은 생각만 드는데 또 건드렸다가는 감자를 아예 안 먹겠다고 할까 봐 남은 감자가 걱정돼 꾹 참았다. 먹거리가 귀할 때는 좀 늦은 시간에 음식을 먹어도 아무 일이 없었는데 먹는 걸 구애받지 않는 요즘은 밤에 음식을 먹으면 큰일 나는 줄 안다. 그걸 못 지켜서 자다가 아래위층 눈치 봐 가며 서로 옳다고 우겨댔으니. 흔히들 뉴스 같은 데서 별안간 문제가 생겨 사회 이슈가 되면 '뜨거운 감자' 라고 하는데, 우리는 그런 감자가 아닌 먹는 감자를 두고 목구멍으로 넘어간 걸 도로 내놓으라는 듯 옥신각신이었다.

(2020. 3)

꽃 배달

공부를 하던 어느 날, 저녁강의를 들으러 가려는데 전화벨이 울렸다. 얼른 수화기를 드니 목소리가 굵직한 남자는 꽃 배달을 가야 하니 우리 집 위치를 가르쳐 달라는 것이었다. "아저씨, 잘못 거셨나 봐요. 우리 집에 꽃 올 일 없어요." 하고는 일방적으로 끊어 버렸다. 바로 끊을 수밖에 없었던 것은 꽃 배달을 핑계로 가정집에 침입해 나쁜 짓을 한다는 얘기를 들어서였다. 몇 번 들었는데 우리 집에까지 이런 일이 싶으니 바르르 몸이 떨렸다. 수화기 앞에서 벌벌 떨며 머리를 굴려 봐도 배달 올 꽃은 진짜로 없고 안 좋은 생각만 꼬리를 물었다.

'이 시간에 나 혼자 있다는 걸 어떻게 알았지? 전화번호는 또 어떻게 알았고? 공범이 있는 거 아니야?' 온갖 잡념이 머리를 파고들었다. 현관문이 저절로 열릴 것 같아 어서 집을 나가버리려고 할 때다. 집으로 오고 있을 남편이 걸렸다. 숨을 헐떡이면서 전화를 걸었다. "지금 우리 집에 어떤 남자가 꽃 배달 온다고 하는데 며칠 전 그 소문하고 똑같아요. 절대 문 따 주면 안 돼요." 내 말을 들은 남편은 "그놈 참 영리하네. 내가 아직 집에 도착 안 한 것을 어떻게 알았지?" 남편도 불안감을 감추지 못하는 목소리였다.

온 집안에 불을 켜고 가방에 책을 정신없이 쑤셔 넣으며 나가려는데 또 전화벨이 울렸다. '이 남자가 집 근처에….' 떨리는 손으로 수화기를 드니 남자는 "사모님, 그게 아니고요. 집을 가르쳐 주세요." "정말 우리 집에 배달 올 꽃 없다니까요." 수화기를 팽개치다시피 내려놓고 일어서는데 다시 벨이 울렸고 "사모님 제 말을 끝까지 들어 보세요. 가족 중에 모 기업에 입사한 사람 있으시죠?" '입사' 입사라는 말은 내 귀를 기울이게 했고 다 듣고 보니 아들이 취업한 회사였다.

"아, 예예" 그때서야 목소리가 나긋나긋해지는데 아저씨는 해명을 하셨다. 배달만 맡은 거라 처음에는 상세한 내용을 모르고 전화를 걸었고 나중에는 내가 너무 일방적으로 몰아붙이니 다시 회사에 알아본 다음 전화를 걸었단다.

그러면서 늦은 시간을 택한 것은 낮에는 사람을 만나기가 어려워 주로 저녁시간에 하기 때문이라는 말도 빼놓지 않았다. 무슨 사건이 발생할 것처럼 호들갑을 떤 것이 미안했다.

아저씨는 너무 늦었으니 내일 오겠다며 전화를 끊었다. 다음 날 날이 밝자 꽃은 배달되었고, 왔다 갔다 하느라 꽃잎이 시들어 있었다. 한 명 있는 아들의 새 출발에 관한 꽃다발이라 처음 아이를 가졌을 때처럼 조심조심 꽃송이를 만지며 물통을 옆에 두고 잎을 살살 폈다. 멍이 든 꽃잎은 입으로 호호 불어주고 맥없는 대궁은 새끼손가락으로 부축해 주는데 손가락 끝에 뭔가 잡히는 게 있었다. 얼른 꺼내 보니 편지였다.

'H군 부모님께' 라는 서두로 시작해 '아이를 키워 저희 회사에 보내주셔서 고맙다' 는 인사로 이어지는 말은 '높은 경쟁률을 뚫고 입사한 아드님이 회사에 큰 보탬이 될 것 같으니 부모님께서는 아무쪼록 지켜보면서 아드님이 회사에 온 힘을 다하게끔 격려해 달라' 는 부탁의 말까지 쓰여 있었다.

가슴이 뭉클했다. 자식을 키우는 보람이 바로 이런 것이로구나 하는 생각이 들면서 눈가에는 촉촉이 이슬이 맺혔다. 아이가 입사한 직장에서 감사의 꽃다발을 받았다는 말은 들어본 적이 없어 놀랍기도 하고, 꽃 올 데 없다고 매몰차게 내친 것은 우습기도 했다.

그러고 나니 아이 회사에 대한 애착심이 솟았다. 편지 내용도 그랬지만, 세상이 많이 변하여 기업들도 변해야 살아남을 수 있고 가족들도 마음을 보태야 도움이 된다는 건 당연한 이치 같았다.

졸업을 한 학기 앞두고 아들은 이력서를 쓰겠다며 소위 대기업이라고 하는 회사들을 책상머리에 적어두고 있었다. 그걸 본 나는 대학원을 가길 권했고 아들과 나는 의견 차이가 좁혀지지 않아 한동안 침묵시위를 벌였다. 그러나 자식 이기는 부모 없다는 말처럼 시간이 흐르면서 나는 지고 있었고 합격 통보를 받은 아들은 전공 살려 취업이 되었다고 날뛰었다. 그렇지만 어미인 나는 공부를 더 해야 하는데 하는 아쉬움이 남아 뭔가 개운치 않았던 터였다.

그런데 꽃다발 속 편지가 믿음이 가면서 아이의 새 출발이 순탄하리라는 자신감도 들었다. 손끝에 바람이 일면서 이슬 같은 물방울은 연신 꽃을 향해 뿌려지고 꽃은 먹은 것을 되돌려 주듯 오므린 잎을 조금씩 조금씩 펴면서 향긋한 향기까지 풍겼다. 아직 덜 핀 꽃망울엔 아이의 꿈이 부풀어 있는 것 같아 대궁도 듬뿍 적셔 주며 이 꽃이 배달될 때처럼 누굴 의심하며 사는 일이 없기를 간절히 빌었다.

사람은 관계 속에서 존재한다고 한다. 분명히 올 일이 있어 오는 사람을 엉뚱한 이유로 오해하고 몰아붙이는 일은 없어야지 않을까. 꽃다발을 놓고 돌아가면서 '세상이 어서 좋아져 꽃이 시들기 전에 배달되는 그런 날이 오기를 바란다' 는 아저씨의 말이 지금도 머리에 뱅뱅 돈다.

(2001. 11)

봄비

사부작사부작 비가 내린다
봄 노래 부르며 내린다
땅 위에도 가로수 위에도
닿기만 하면 생기가 돈다

온종일 내린 봄비
뭐라고 수군거려 귀를 대보니
머지않아 새싹이 나올 거라고
작은 소리로 속삭인다

순간을 벅차게

순간을 벅차게

금쪽같은 돈

길

이웃

질서

그때 그 맛

새로운 발견

그늘

염려는 기우였다

곳곳의 인정

순간을 벅차게

저녁을 먹고 잠깐 소파에 앉았다. 진동으로 해놓은 전화기가 바르르 떨려 열어보니 여섯 살 외손자였다. 녀석은 큰 소리로 "할머니 안녕하세요." 하더니 "진지 잡수셨어요? 뭐하고 드셨어요? 할아버지도 드셨어요?" 등 또박또박 묻는 말이 나이에 비해 한참 앞서가는 것 같아 실실 웃음이 나왔다. 웃음을 머금고 대답하면서 '유치원에 보낸다더니 선생님이 가르쳤나' 싶기도 했다. 아이가 묻는 말에 답하고 이젠 내가 물었다. "태영아, 너 말 참 잘하네." 하자 숨 돌릴 새도 없이 녀석은 "아빠가 옆에서 알려줘요." 한다. 신이 난 아이는 목소리도 우렁찼다. 나도 웃고 전화기 너머에서도 웃음소리가 크게 났다.

아빠가 옆에서 전화기에 말이 새어들지 않게 알려주는 행동도 재밌고 그걸 듣는 대로 한 글자도 빼지 않고 받아 전하는 아이도 사랑스럽지 않을 수 없었다. 그러고 보니 몇 살 위 형도 어릴 때 말을 잘한다고 칭찬했는데 다 그런 방법이었나 싶어 오래전에 속은 일이어도 재미있어 또 웃었다.

전화기를 내려놓고 이번엔 텔레비전을 보았다. 자연과 연관된 모 프로그램이었는데 집이라곤 단 한 채뿐인 산골짜기에 혼자 사는 사람 얘기였다. 그 깊은 산골에 물마저도 없어 한참을 내려가 물을 길어오는 것까지 편리한 것은 아무것도 없었다. 그래도 그는 연신 미소를 지으며 살아가는 즐거움을 조리 있게 늘어놓았다. 넋을 놓고 보면서 어떤 심성이기에 어린아이 같은 순수함을 지니고 살까. 혼자서 중얼거리며 끝까지 그 장면을 놓치지 않았다. 사람이 천차만별이라는 말도 떠올리면서.

그러고 며칠 후 제주에 사는 친구가 황금향을 한 상자 보내왔다. 상자를 여니 향기가 상큼했다. 나는 향기를 마시며 뭔가를 찾을 요량이었다. 꽉 찬 상자를 이리 뒤지고 저리 뒤져도 황금향 외에는 아무것도 없었다. 궁금증을 가슴에 품고 손을 뗄까 하는데 전화기가 울렸다. 받아보니 알고 지내는 이웃 사람이었다. 황금향이 와서 먹고는 있는데 통장계좌번호가 없다는 것이다. 내가 찾는 것도 계좌번호였기에 씩 웃으며 “제가 알아볼게요.” 하고는 끊었다.

도시생활이 익숙해지면서 택배로 물건을 종종 받는다. 물건값을 먼저 입금한 후 받는 게 다반사지만 급하게 받을 땐 미처 지불하지 못한 값은 물건부터 받고 돈을 보낸다. 그런 상관관계가 일종의 상법처럼 굳어졌는지 언제나 상자 맨 위에는 전화번호와 통장계좌번호가 들어있었다.

내가 상자 안을 두 번 세 번 뒤져 본 것도 그런 이유에서다. 그런데 농사를 지은 친구는 생물인 과일을 돈도 받지 않고 보내면서 아무런 흔적을 남기지 않았다. 그것도 일반 감귤보다는 값이 더 나가는 황금향인데…. 나야 물론 잘 아는 사이니까 그렇다고 쳐도 다른 사람들께는 계좌번호를 위에 올리는 게 순서일 것이다. 친구가 농사짓는 법만 배우는 단계인 줄 알았는데 판매를 하는 것도 내 눈에는 때라곤 묻지 않은 어린아이 같다.

친구는 몇 년 전 서울에서 제주로 이사를 갔다. 집 지을 땅을 샀는데 그곳이 황금향 밭이었다. 터가 있어 집을 짓고 나도 몇 그루가 남아 그걸 농사를 짓는다. 봄부터 가을까지 안 하던 농사일을 하면서 그 곱던 손도 거칠어지고 예쁘고 고운 얼굴도 가무잡잡하게 그을었다. 그것뿐이 아니다. 가끔 만나는 모임에도 빠지는 일이 허다하고 하물며 단톡방에 몇 자 남기는 안부도 쓸 새가 없다는 말을 종종 해 왔다. 그렇게 애써 지은 농사다. 든 비용도 빼기 힘들다는 말은 이미 언론을 통해 들었기에 일이 서툰 친구는 더할 거라고 본다. 지난여름 만났을 때 조금만 더 고생하면 된다면서 남은 과정을 들려주었다.

가을이 돼 수확을 앞두고는 많은 양은 아니지만 창고가 없어 따는 족족 소비해야 하는 불편함이 있다기에, 나는 그 말을 듣고 주변에 먹을 사람을 찾아봤다. 아는 이웃들이 손을 들어주었고 주소가 가자 나무에서 금방 따 보낸 것이다. 받은 사람들은 이구동성으로 돈을 어떻게 보내느냐고 한다.

당장 제주로 문자를 보냈다. '상자 속에 통장계좌번호도 안 넣었느냐' 고. 그랬더니 글 몇 자가 그새 바다를 건넜는지 쪼르르 답이 왔는데 '급한 것 아닌데' 한다. 그러면서 명함도 없다는 것이다. 명함이 없어도 얼마든지 통장계좌번호쯤은 써넣어도 된다. 고운 심성이 그대로 드러나 갓 딴 것 싱싱할 때 먹으라며 보내는 데만 바빴지 계좌번호까지는 챙기지 못한 것이다. 긍정적인 성격이 늘 순간을 벅차게 하는 친구. 몇 자 남은 문자에도 물건 안부가 우선으로 보인다. 황금향이 비행기를 타고 가면서 깨진 게 없냐고 묻는다. 깨진 게 있으면 다시 보내겠다는 말도 또록또록 써 놓고.

같이 있다가 물 한 병을 사도 먼저 지갑을 여는 인정 많은 친구. 달달한 과일 속에 그 따스한 정도 스며들었는지 시중에 산 것보다 유별나게 달고 맛도 있다. 시키는 대로 안부를 전하는 여섯 살 아이나 이 좋은 세상 산골에서 물을 길어 먹는 사람이나 생물을 보내고도 값보다 물건이 안전하게 갔는지가 더 우선인 친구나, 순간을 벅차게 하는 사람들이다. 반으로 자르면 즙이 뚝뚝 떨어질 것 같은 황금향을 손에 쥐니 맑은 주황색에 친구의 얼굴이 어른거린다.

(2020. 1)

금쪽같은 돈

아침에 눈을 뜨니 작은 종이 가방 하나가 서랍 위에 있다. 뭐지 싶은데 지난밤 남편이 친구를 만나러 나간 게 생각났다. 들여다보니 안에는 줄무늬가 예쁜 양말 한 켤레와 오만 원짜리 지폐가 네 개나 있다. 정신이 번쩍 들면서 "웬 돈" 하다가 아직 일어나지도 않은 남편을 깨웠다. 남편은 양말만 들어 있는 줄 알았지 돈이 있는 줄은 모르고 있었다. "친구가…" 하기에 우린 바로 그 친구한테 문자를 보냈고 답이 왔다. 답인즉 그 옛날 함께 있어 준 게 고마워 늘 잊지 못하다가 적은 액수지만 성의를 표하니 받으란다.

세월을 앞당겨 사연인즉 이러했다. 월남전이 한창일 때 남편은 군인이었다. 어느 바닷가에서 군 복무를 하고 있었는데 그곳이 유난히 춥고 바람도 세게 불어 견디기가 곤욕이었다. 춥기도 한데 먹는 것도 부실해 배가 고파 하루하루 넘기기가 힘들었고 보초를 서면서는 밥 한번 실컷 먹어보는 게 소원이었다. 그러던 중 하루는 월남에 가면 밥을 배불리 먹는다는 소문이 돌았다.

몇 날을 고심 끝에 더 이상 참을 수가 없어 그 무서운 전쟁터에 지원했고 소식을 들은 부모님은 노발대발하셨지만 이미 물은 엎질러진 뒤였다. 단호한 각오를 하고 떠나는 날 부산에서 배를 타고 멀어져 가는 고향 땅을 돌아보며 수심에 잠겨 있는데 점심시간이 되었다. 밥을 먹기 위해 식당 쪽으로 갔다. 이미 긴 줄은 한참을 지나야 차례가 될 것 같았다. 좁은 공간에서 서 있기도 지루하고 답답해 어디 끼어들 데가 없나 하고 기웃기웃하는데 누가 뒤에서 등을 툭 쳤다.

"누구지?" 하고 돌아보니 초등학교 동창이었다. 아니 여기가 어딘데! "야 너~!" "야 너는!" 믿기지 않아 서로 눈이 동그래졌고 반가움에 포옹까지 순식간에 이뤄졌다. 잡은 손을 또 잡으며 우선 길은 터야 했기에 한쪽으로 물러섰고 배를 타게 된 동기를 누가 먼저랄 것도 없이 얘기하게 되었다. 듣고 보니 남편이야 지원해서 가는 거라 배 안에는 아는 이가 없었지만 친구는 부대가 다 차출돼 가는 거라 동료가 많아, 배 안에서만은 외롭지 않았다. 둘은 그때부터 든든한 버팀목이 되었고 전쟁터를 가면서도 힘을 낼 수 있었다. 남편이 뱃멀미를 하면 친구가 물을 갖다주었고 친구가 뱃멀미를 하면 남편이 물컵을 내밀었다. 밥을 먹을 때도 같이 먹었으며 끝도 없이 펼쳐지는 넓은 바다가 추억을 만드는 느낌까지 들 정도로 많은 대화를 나눌 수 있었다. 4박 5일을 배 안에서 보내고 무사히 월남에 도착하는 날 친구의 표정은 점점 어두워지기 시작했다.

부대가 달라 헤어져야 했기 때문이다. 남편이나 친구나 같이 있으면 서로 힘이 되겠지만 군대에서는 통하는 일도 아니고 헤어지면 다시는 만나지 못할 것 같으니 성격이 소심한 친구가 더 두려워했다. 그렇게 떨어지기 싫어하던 중 깜짝 놀랄 일이 눈앞에서 일어났다. 지휘관 중 한 명이 남편이 잘 아는 고등학교 선배였다. 남편은 부리나케 달려가 인사했고 선배도 전쟁터에서 만난 후배가 반갑지 않을 리 없어 서로 부둥켜안았다. 그 순간은 어떤 어려움도 물리칠 것 같았다. 옆에서 지켜본 친구도 덩달아 긴장된 마음을 좀 풀었는데 그래도 헤어질 시간은 어김없이 다가오고 있었다.

남편이야 지원을 한 거라 이미 각오가 섰지만 친구는 본인 의지와는 달리 상황에 의해 갔으니 헤어지는 허전함이 무슨 말로 표현이 되겠는가. 그런 데다 낙천적인 성격을 지닌 남편과는 달리 친구는 정반대였으니 더 겁이 났을 것이다. 벼랑에 몰린 둘은 고민 끝에 돌출 방안이 떠올랐다. 말도 안 되는 소리지만 남편 선배께 사정 얘기를 한번 해보자는 거였다. 용기를 내고 또 내 선배를 찾아간 남편은 어느 곳을 가더라도 같이만 있게 해 주면 충실히 임하겠다고 간곡한 부탁을 했고 그 말이 먹혀들었는지 아니면 운이 따랐는지 같이 지내게 되었단다.

총알이 빗발치던 전쟁터. 날이 새면 하루를 살아낸 게 감사했고 친구가 옆에 있어 덜 무서웠다. 그렇게 하루하루를 버티며 둘은 똘똘 뭉쳐 있었다. 고향이 그리우면 고향 쪽 하늘을 함께 바라보았고 누가 아프기라도 하면 가족같이 살갑게 다가섰다. 그러다 복무기간이 끝나 귀국할 때는 친구가 먼저 귀국하고 남편은 기간이 남아 있어 몇 개월 후 돌아왔다. 그 후 한두 번 고향에서 만나고는 사는 게 바빠 어디에 사는지도, 무슨 일을 하는지도 모르고 지냈다.

그러다 지난해 고향에 갔다가 연락이 닿았고 친구는 만나자고 전화를 걸어왔다. 지방 도시에 사는 친구는 일부러 장시간 차를 타고 서울에 올라왔고 둘은 만났다. 초등학교 교사로 정년퇴직을 한 친구는 맛있는 밥도 사고 서울에서도 높다고 소문난 롯데타워 구경도 시켜주며 월남에서의 일을 회상했다. 특히 친구는 그때 함께 있어 줘 고마웠다는 말을 몇 번이나 되풀이했는데 전해지는 진심이 엄마 말을 잘 듣는 어린애 같았단다. 그러곤 종종 만나자고 하면서 헤어졌다.

형제가 많은 집 맏아들로 오직 정직만을 내세우며 힘겹게 세상을 헤쳐 온 친구. 수많은 세월이 지났는데도 그걸 잊지 않고 있었다니 듣기만 해도 눈시울이 젖었다. 돈 20만 원이 넉넉한 집에서는 한자리에서 다 쓰는 몇 푼에 불과하지만, 쓰임새가 많은 집에서 매달 받는 봉급으로 빠듯하게 살아온 친구로서는 결코 적은 돈이 아니다. 금쪽같은 돈. 돈 20만 원이 큰 교훈을 남긴다.

(2020. 3)

길

우리 집에서는 한강이 가깝다. 마음먹고 걸으면 한 시간 안에 도착할 수 있다. 저녁을 먹고 운동화를 단단히 조여 매고 집을 나선다. 아파트 단지를 벗어나면 홍제천이다. 걷는 사람들이 삼삼오오 한강으로 가고 있다. 더러는 중간에서 돌아오기도 하지만 대부분은 한강이 목표이다.

그 틈에 끼어 한 걸음 한 걸음 내디디면 물소리도 졸졸 나고 육교 아래는 요란한 자동차 소리도 들린다. 밤이지만 자전거도 지나간다. 낮에는 그어놓은 자전거 길 선이 또렷하지만 밤이면 낮 같지는 않다. 그래도 사람들이 크게 위협을 받지는 않는다. 길이 넓고 반듯해서다.

처음 이곳으로 이사를 와서는 한강이 어느 쪽인지도 잘 몰랐다. 길이 몇 갈래 놓여있어도 요즘처럼 반듯하지도 않고 풀이 무성한 데다 온갖 걸림돌이 가로막고 있어 누구도 얼른 발을 들여

놓지 못했다. 가보고 싶으면 자동차를 타고 빙 둘러서 가본 게 기억에 있다.

도란도란 얘기 소리를 엿듣기도 하고 저만치서 자전거가 온다는 신호도 들린다. 잽싸게 안전선 안에서 걷나 확인도 한다. 팔을 휘저으며 씩씩하게 걷다 보면 어느새 한강이다. 가로등 불빛과 강 건너 불빛이 합세해 성산대교 아래 강물이 생선 비늘처럼 일렁인다. 이 밤에 너른 한강을 바라보며 간다는 재미는 한강이 가까워서이기도 하지만 잘 닦아놓은 길의 영향이 더 크다.

낮에는 온갖 새들이 물 위에서 먹이를 쫓고 이름이 애매한 야생화도 보란 듯 꼿꼿하게 서 있다. 멀리 나갈 것도 없이 자연을 마음대로 느낄 수 있는 게 또 하나의 볼거리고 새로움이다. 여름에는 학생들의 생태 학습장이 되기도 하니 일석삼조나 마찬가지다.

길이 우리 동네만 좋은 건 아니다. 지난해 가을 모 신문사와 몇몇 기관에서 주최하는 강릉 둘레길 걷기에 참여했을 때다. 지역 특성상 산길을 걷는 코스가 많았다. 돌과 흙, 나무를 빼면 아무것도 없는 산에서도 길은 다니기에 아무런 흠이 없었다. 겨우 한 사람이 비껴갈 수 있는 길도 나름의 운치가 있었고, 산나물을 채취할 때 다닐 수 있는 손바닥 크기만 한 길도 쓰임새 있게 잘 나 있었다.

나는 그 길에서 타 도시에서 온 사람들과도 발을 맞추었다. 한

곁같이 하는 말이 자기들이 사는 동네에도 길이 잘 놓여 있다는 것이다. 자갈길도 있고 아스팔트 길도 있지만 나름의 멋을 풍기며 산책하는 사람들을 맞이한다는 것이다. 우리가 닦아놓고 가꾸는 길이지만 아름답고 훌륭하지 않을 수 없다.

그렇다면 사람이 살아가는 인생길은 어떤가. 돌아보면 다 반듯하진 않았다. 험하고 굴곡진 길을 다듬고 다듬어 걸어온 길이 있는가 하면 순조롭고 무난한 길을 큰 어려움 없이 걸어온 이도 더러는 있다. 닦고 조여야 노후에 멋진 길을 걸어왔다고 하지 않을까. 아이들을 키울 때 진학을 두고도 좀 나은 길을 택하기 위해 발버둥 쳤다. 나온 성적을 들고 좋은 학과를 택하려고 애를 쓴 건 어느 부모든 해봤을 것이다.

누구나 처음부터 잘 놓인 길에서 시작하면 무슨 걱정이 있겠느냐만 대부분의 사람들은 비뚤어지고 아직 다듬지 못한 길에서 발을 내디딘다. 바라보고 가는 꼭짓점이 좋은 길에서 손짓하면 수월하게 닿을 수 있지만 그건 희망일 뿐이다.

얼마 전 큰 도시에 있는 요양 병원에 다녀왔다. 연로하신 친척이 그곳에 계셔서다. 물어물어 들어간 입원실엔 여섯 개의 침대가 있었다. 그중에서 왼쪽 가운데에 친척이 계셨다. 한참을 빤히 쳐다본 친척분은 기억을 더듬으시더니 먼 길을 뭐 하러 왔느냐며 반가이 맞아주셨다. 내 손을 잡고는 우리 집 안부를 빼놓지 않고 챙기시면서 형제들 안부까지 잊지 않으셨다.

그런 다음 그곳 생활을 들려주셨다. 밖에서 탐탁지 않게 여기는 그런 곳은 아니라고 하시면서 본인은 잘 있지만 드는 비용이 만만찮을 거라며 걱정하셨다. 본인이 편한 만큼 매월 내는 요양비가 엄청날 거라는 말씀 뒤에는 하나뿐인 아들이 숨어 있었다. 내가 봐도 그랬다. 자녀가 많으면 나누어 낼 수도 있지만 그런 형편이 아니니 혼자서 감당할 아들이 벅차 보였다.

아들과 며느리가 심성이 곱다고 늘 칭찬하시더니 지금은 돈이 너무 많이 들어 미안하고 안쓰럽다고 하셨다. 거동은 불편하셔도 정신이 맑으셔서 요양 병원 생활을 환히 알고 계시니 걱정을 하는 것은 당연해 보였다.

친척분이 살아온 길도 그리 호락호락하지는 않았다. 젊은 시절 아이가 생기지 않아 갖은 고초를 겪고 천신만고 끝에 늦둥이 아들 하나를 얻었다. 그 아들을 위해 어떤 어려움도 참으며 지극정성으로 키우셨다. 부모의 정성을 그대로 받아들인 아들은 어긋나지 않고 잘 자라주었고 지금 그 아들이 봉양을 한다.

길이란 처음부터 다듬어진 게 아니다. 동네 산책길도 다듬고 다듬어 훌륭한 길이 되었듯이 친척이 아들의 길을 잘 안내해 왔기에 요즘 요양 병원에서 나날의 생활비를 함께 걱정하는 다정한 모자 사이로 발전한 것이 아닐까 싶다.

(2020.1)

이웃

'카톡 카톡' 누구에게나 귀에 익은 소리다. 전화기를 무음으로 해 놓기도 하는데 집에 들어오면 풀어놓는다. 그러면 영락없이 철없는 아이처럼 '카톡 카톡' 이다. 기계이긴 해도 가는 장소마다 체면도, 부끄러움도 없다.

여섯 명이 드나드는 방, 열 명이 드나드는 방, 가족 방, 형제 방 심지어 큰 단체 방까지, 올리는 내용도 가지각색이다. 어떤 방은 모임 공고, 어떤 방은 행사장 위치, 생일 축하, 새로운 소식, 긴급한 알림…. 큰 언론 매체나 다름없이 방 안이든 차 안이든 따라다니면서 전해준다.

하루가 이렇게 휴대전화 안에서 돌고 도는 게 현대를 살아가는 풍경으로 굳어지니 안 따를 수도 없다. 혼자 있어도 들여다보고만 있으면 시간 가는 줄 모르는 것도 새로 생긴 일상이다. 그러니 몸에도 귀에도 익어 좁쌀 크기만큼의 시간만 나도 전화기에 눈을 대고 있다.

그런데 좋은 일만 있으면 얼마나 좋으랴. 무음으로 돌리는 것을 깜빡하고 있다가 정숙해야 할 자리에서 '카톡' 하면 불쾌한 시선들을 뿌리칠 수 없고, 자다가 '카톡' 하는 소리에 정신이 바짝 들게 되면 눈이 말똥말똥해져 잠을 못 이루니 다음 날까지 고통을 겪는다.

아이들 어릴 때 사귄 사람들이 드나드는 방에서는 이런 일이 있었다. 채 어둠이 걷히지도 않은 설날이었다. 머리맡에 있는 전화기에 불빛이 돌아 퍼뜩 열었다. 곱게 한복을 차려입은 어린아이가 얌전히 서 있었다. 누구지, 하고 확인하니 옛날 앞집 손녀였다. 젊은 나이에 손녀를 본 그는 명절날 아이에게 안 입던 한복을 입혀놓으니 귀여워서 올린 것 같았다.

그 방 식구 중에는 자녀 결혼이 늦어 애를 태우는 사람도 있고 결혼은 해도 아이가 안 생겨 마음고생을 하는 사람도 있다. 그러다 보니 돌잔치나 결혼은 말만 나와도 다들 쉬쉬하는 편이다. 서로를 아끼는 차원이기도 하지만 나의 즐거움이 다른 사람에게는 불편할 수도 있다는 건 굳이 말하지 않아도 알기 때문이다. 그런데 설날 아침부터 사진을 올린 그는 어떤 생각으로 카톡 방에 용기 있게 문을 열었을까.

순간적인 즐거움에 다른 생각이 끼어들지 못하고 올릴 수도 있었겠지만 나 역시 고운 시선은 가지 않았다. 너 나 할 것 없이 명절은 가족이 우선이다. 차례를 지내는 집은 바빠 말할 것도 없고 지내지 않는 집도 모처럼 만난 가족과 그간의 안부에 심취해 있다. 미처 챙기지 못한 친척도 명절날만은 촌수를 대보기도 하는 게 우리네 정서이니 말이다. 그런 날 이른 시각에…. 다른 사람들 생각도 나와 일치했는지 득달같이 올라오는 댓글이 숨 고르기를 하는 것처럼 기척이 없다.

대문을 열고 나가면 망설이지 않고 들어갈 옆집이 있었다. 가족같이 반겨 주는 사람들은 만나기만 하면 금방 먹은 밥 얘기며 아이들 등록금 걱정이며 저 아랫집 잔치 뒷얘기며 주고받을 얘기가 끝이 없었다. 그런 사이였으니 하루만 안 봐도 궁금증이 일어 수시로 쫓아다녔다.

불과 몇 년 전인데 우린 달라도 너무 다른 세상에 서 있다. 요즘 이웃은 엘리베이터 안에서 마주치는 것조차도 꺼리는 눈치다. 마주 보고 서 있어도 괜찮은데 고개를 돌린다. 연륜이 있는 사람들은 그래도 살아온 생활이 몸에 배어 나름대로 알고 지내려고 말을 붙인다. 신세대들은 어디 그런가. 이웃보다 전화기 속 이웃이 더 살갑다.

동네가 재개발되면서 지난 몇 년 사이 이사를 여러 번 다녔다. 다정하게 지내던 이웃들은 뿔뿔이 흩어졌고 이 동네 저 동네 이사를 다니다 보니 제대로 정을 붙이지 못했다. 살갑게 굴지는 못해도 한번 사귀면 절대 돌아서지 못하는 나지만 오래도록 마음을 열 그런 이웃은 만나지 못했다.

완공된 우리 아파트로 이사를 온 지도 제법 되었다. 대문 대신 세로로 오르내리는 엘리베이터. 편리하고 좋긴 한데 마음을 녹여낼 정이 가지 않는다. 마주치며 하는 인사도 규칙에 의한 것처럼 그저 형식이다. 눈이 시린 문구도 엘리베이터 안에 쓰여 있다. '이웃하고 인사하기' 인사를 글자로 읽고 사명에 의해 하는 거라면 차라리 못 본 체하는 게 낫지 않을까. 아이들은 학교에서 배워서인지 상냥한 목소리로 "안녕하세요." 하지만 더 가까워야 할 어른들은 데면데면하다.

며칠 전 엘리베이터 앞에서다. 막 집에서 나온 남자아이가 말을 할까 말까 하는 눈빛이었다. 내가 먼저 "안녕하세요 해야지." 하니 그때서야 머리를 꾸벅였고 나는 "고마워." 하면서 몇 살이냐고 물었다. 올해 초등학교에 입학할 거란다. 좋겠다고 하면서 웃어 주었더니 밝은 표정이 더 밝아졌다. 그러는 새 아이의 형이 나왔고 그 애는 형한테 바로 자랑을 늘어놨다.

"나 지금 인사해서 칭찬 들었다." 머쓱하던 형도 씩 웃으며 "안녕하세요." 하면서 수줍게 머리를 숙였다. 조금 전 동생한테 한 것처럼 "그래 고마워, 착하구나." 했다. 형제는 겅중겅중 뛰면서 집으로 들어갔는데 그날 밤 내 얘기가 밥상머리에서 있었지 싶다. 나 역시 타고 올라오는 엘리베이터에서부터 지금까지 그 아이들의 환한 표정이 가슴에 남아있다.

인근에 큰 직장이 많아 비교적 젊은 층이 많이 산다. 아이들 소리도 끊일 새가 없다. 생기발랄한 이런 곳에서 작은 인사라도 활발하게 돌아가면 새롭고 즐거운 나날이 형성되지 않을까. 가까이 사는 이웃이 다정해야 하는데 휴대전화기 안의 이웃이 활개를 치니, 날로 발전하는 문화라고 하기에는 왠지 씁쓸하다.

(2020. 1)

질서

해마다 해맞이 풍경을 텔레비전으로 봐 왔다. 그럴 때마다 우리도 한번 가봐야지 하면서도 좀처럼 그런 날은 오지 않았다. 이번에는 꼭 가보겠노라고 월드컵경기장이 있는 하늘공원으로 장소를 미리 정했다.

그믐날 밤 텔레비전에 볼거리가 많았지만 해맞이를 생각해 잠자리에 들려고 하는데 문자 들어오는 소리가 났다. 딸아이였다. 친구들과 함께 있어 늦겠다며 내일 해맞이하러 못 가겠다는 것이다. "아니 이럴 수가" 어제는 뜻밖의 일로 남편이 발이 묶이더니, 일이 꼬이려니 딸아이마저 사정이 생긴 모양이다. "무슨 재미로 혼자 가…." 늦은 밤에 친구한테 전화하기도 그렇고, 가느냐 마느냐 하다가 결국 가기로 마음을 굳혔다.

이른 아침 어둠이 채 걷히지 않은 길은 가로등만 덩그러니 서 있었다. 개천을 따라가면 길도 좋고 안전하기도 한데 조금이라도 빨리 가고 싶어 지름길을 택해 도로변으로 발을 내디뎠다. 지나가는 차는 쌩쌩 달리고 빨강 신호등은 아무도 없는데 나만 빤히 쳐다봤다. 이리저리 고개를 돌려보다가 안 되는 줄 알면서도 신호를 무시하고 그냥 건넜다. 그러기를 몇 번 하고 나니 목적지에 닿았고 해맞이 인파는 벌써 하늘공원으로 올라가고 있었다. 얼른 그 틈에 끼어들었다.

그런데 정면으로 올라가는 나무계단은 막혀있었다. 공원 관리측에서 안전을 대비해 막은 것 같았고 한참을 돌아서 가야 하는 상황이 돼 버렸다. 그래도 사람들은 불평하거나 지름길을 택하지는 않았다. 자연히 걸음은 빨라야 했고 떠밀려서 걷다 보니 그새 땀이 나고 목이 끈적끈적해 좀 쉬고 싶었다. 그렇지만 눌러앉았다가는 뜨는 해를 못 볼 것 같아 멈출 수가 없었다.

드디어 정상에 닿았다. 구급차, 안전요원, 풍물놀이패, 관계기관에서 나온 사람들, 그야말로 인산인해였다. 해를 보기 좋은 곳은 내 몸 하나 설 자리도 찾기 어려웠다. 한참을 기웃거려 자리를 잡고 뒤를 돌아보니 억새밭 사잇길도 사람들로 꽉 찼다.

누가 줄을 세운 건 아닌데 일렬로 어쩌면 그리도 잘 섰는지 동쪽으로 향한 새까만 머리들이 곶감을 엮은 듯, 한 치 어긋남이 없다. 그때다. 저쪽에서 “와” 소리가 났다. 발을 추켜드니 불그레한 해가 빼꼼히 보였다. 여기저기서 함성이 터지고 사진을 찍느라 전화기를 꺼내 들었다.

순간 어느 여인의 목소리, “오빠, 내려와.” 여인의 오빠는 공원 가장자리 울타리에 올라가 있었다. 뒤에 있는 사람들이 안 보이니 내려오라는 것이다. 말의 효력은 엄청났다. 여러 명이 한꺼번에 우르르 내려왔다. 발 내리는 소리에 꽁꽁 언 몸이 슬슬 녹는데 해는 벌써 쑥 올라왔다.

금세 생각을 바꾸는 사람들. 내려갈 쪽으로 줄을 만들 태세다. 나도 질세라 몸을 돌리면서는 머리에 스치는 게 있었다. 반대쪽으로 가면 좀 더뎌도 길이 복잡하지 않을 것 같아서였다. 생각대로 움직였더니 조금 수월해 마음이 느슨한데 또 다른 볼거리가 있었다. 수많은 인파가 빠져나간 자리에 남은 이들이 억새를 배경 삼아 사진을 찍는 것이다.

호기심에 발을 멈추었다. 한 아이의 행동에 눈이 갔다. 아이는 사진 찍다가 억새 부러지면 큰일 난다면서, 아빠로 보이는 남자의 바짓가랑이를 잡고 앞에서 끌어당긴다. 누런 억새는 바람을 따라 일렁이고 아이의 작은 손에는 질서가 묻어있다. 몇 걸음 더 걸으니 방송국 차도 두 대나 보이고, 사람들이 또 줄을 서고 있었다. 영문도 모르고 같이 서는데 알고 보니 아침밥 먹기를 홍보하는 어느 단체에서 누룽지를 나눠 준단다. 누룽지를 받든 안 받든 나란히 선 긴 줄이 뜨듯한 숭늉 한 그릇 배를 채운 듯 든든해져 왔다.

기다릴 수 없어 물 한 컵을 얻어먹고 돌아섰다. 종이컵에 남은 온기에 손을 데우며 오직 내려갈 생각에 마음을 두었다. 길옆에서는 행사에 참여한 차들도 갈 채비를 하고 가운데로 파고드는 일이 수월하지가 않아 앞을 들이밀다 멈춘다. 빵빵거린다거나 운전자가 창문으로 얼굴을 내밀고 비키라는 말은 없다. 알아서 피할 때까지 그저 같이 걷다시피 차를 몰고 있다.

내려선 난지천공원. 이곳도 줄서기는 어김없다. 개울에서 흐르는 물이 유리알처럼 맑아 안 볼 수가 없었는데 낮은 곳으로만 가는 게 내 눈에는 줄로만 보인다. 뭐라고 하는지 저들끼리 속삭이면서. 주차장 차들도 마찬가지다. 순서대로 빠져나오더니 모르는 가족들이 집으로 갔다. 뒤엉켜 이익 될 일이야 없겠지만 어쩜 그리도 질서를 잘 지키는지 아스팔트 위 자동차 바퀴가 교통순경의 마음 같다. 바로 옆 분식집에도 내려온 사람들이 김밥 한 줄 사기 위해 줄을 서고, 돌아오는 나도 아까와는 달리 빨강 신호등

앞에서는 그림자와 나란히 서 있었다.

기다리면 파란불은 들어올 텐데 왜 그걸 못 참았을까. 집에서 출발할 때 사방을 두리번거리며 신호를 무시한 내 행동은 오래도록 부끄러웠다.

(2008. 1)

그때 그 맛

아파트를 지은 지가 두 돌이 지났다. 세월이 흐른 만큼 지지대에 기대어 있던 나무들이 이젠 기대지 않아도 될 만큼 튼튼해 보인다. 바닥에서 자라는 잡풀도 건강하게 자리를 잡았고 오솔길 옆으로 가지런히 선 작은 관목도 하루가 다르게 크고 있다.

길이 반듯하고 파란 나뭇잎들이 싱그러워 종종 단지 내에서 걷곤 하는데 오늘따라 유난히 눈에 띄는 꽃. 반듯한 텃밭에 보라색 도라지꽃이다. 눈여겨보지 않아서인지 잎이 나온 건 못 봤는데 꽃이 피다니 놀랍다. 가까이 다가가 보니 주인의 정성 같다. 쓰러지지 않게 하려고 작은 막대기를 세워 묶어놓았다. 잎사귀 사이사이 빈틈없이 피어있는 꽃은 보라색이 찬란해 눈이 부신다. 우산을 뒤로 반쯤 제치고 한동안 서 있는데 우중충한 잿빛 하늘이 꽃잎에 반사돼 조금씩 조금씩 밝아져 오는 느낌이다.

텃밭은 직사각형이다. 칸마다 다른 숫자가 쓰여 있는 걸 보니 주인이 여럿이란 표시 같다. 큰 식탁만 한 크기의 밭에 오이, 가지, 파, 상추 등 온갖 채소들이 나풀거린다. 그중에서도 내 눈을 또 사로잡은 건 도라지꽃 못지않은 토마토다. 성수기에는 빨간 토마토가 주렁주렁 달려 있었다. 지나칠 때마다 손을 대고 싶은 충동이 울컥울컥 들 정도로 탐스러웠다.

밭에서 빨갛게 익힌 토마토를 먹어본 기억이 아슴아슴하다. 어린 시절 남새밭에서 밤새 잘 익은 토마토를 어머니는 따 주셨다. 치맛자락에 이슬을 쓱쓱 닦아 손에 쥐여주면 단숨에 한입 베어 물었고 얇은 껍질이 톡 터지면서 새콤한 맛이 입안에 꽉 찼다. 어느새 입술 사이로는 즙이 흘러내렸고 감당이 안 돼 손을 받치면 손가락 사이가 온통 끈적거렸다. 양 볼 역시 즙으로 인해 벌게져 있었고, 가렵고 따가웠다.

한 개를 온전히 다 먹고 난 뒤는 배도 부르고 힘이 나던 그 아침을 어찌 잊으랴. 어떤 심부름도 들어줄 자세였던 나는 어머니가 말씀만 하시면 귀를 쫑긋 세웠는데, 지금도 시장에서 토마토를 살 적마다 잊히지 않고 떠오르는 보석 같은 기억이다. 그런데 요즘 그런 토마토가 어디 있기나 한가. 많은 양을 한꺼번에 내다 파는 농민들이 상품성을 살리려고 붉은 물이 들기도 전에 따서 익힌다는 사실을 공공연하게 듣고 있으니 말이다. 그러니 남새밭에서 어머니가 따 주신 그 맛을 그리워하지 않을 수가 없다.

도라지도 그렇다. 재배를 한 것보다 산에서 저절로 자란 것을 쉽게 먹을 수 있지 않았는가. 꽃이 활짝 피는 여름이면 시력이 좋지 않은 아이도 무성한 풀 속에서 쉽게 도라지를 찾아냈고 누군가가 "야, 도라지다" 하면 아이들은 벌떼같이 달려들어 힘을 보탰다. 여러 명이 끙끙대며 후벼 파고 잡아당기면 깊이 박혀 있던 뿌리도 끝내는 빠져나왔고 그 크기는 엄청났다. 덕지덕지 달린 흙을 씻을 새도 없이 나뭇등걸에 툭툭 때려 털었다. 그런 다음 손톱으로 껍질을 까 너도 나도 돌려가며 한 입씩 베었다. 쓴맛이 입 안을 톡 쏘는데도 맛있다고 냠냠거렸고 주인이 없는 거라 호되게 혼이 날 일도 없었으니 재미만 넘쳐나 그저 신이 났다.

생각이 꼬리를 무는데 텃밭을 관리사무소에서 어떻게 운영하는지가 궁금해진다. 소문에 의하면 이른 봄에 신청을 받는단다. 경쟁률이 높고 규칙이 철저해 한번 해 본 가정은 다음 해에는 신청할 수가 없다고도 한다.

그러면 나도 텃밭 주인이? 생각만 해도 마음이 들뜬다. 우리 집 바로 옆이라 드나들기도 좋고 길도 대중교통을 타러 가는 쪽이라 내 계산에는 안성맞춤이다. 도라지까지는 안 심어도 식탁에 자주 오르는 채소들을 잘 가꾸어 봐야지. 눈을 즐겁게 하는 것도 농사를 짓는 만큼 재미를 주는 일이니 시들지 않게 물도 자주 주어야지. 오늘같이 비 오는 날 나처럼 우산을 쓰고 잠깐 머물 사람도 있을 테고 내 농사기법도 감상하겠지. 날마다 커 가는 푸성귀의 모습에서는 생명의 위대함도 엿볼 테고.

아! 호박도 심어야지, 손바닥만 하게 잎을 키워 식구들이 좋아하는 쌈 밥상을 차려야지. 처서 지나고 찬 기운이 돌 때 밥 위에 살짝 찐 호박잎을 된장에 쌈 싸 먹는 그런 재미, 벌써 입에 침이 고인다. 꿈은 이렇게 야무진데 텃밭 사용자를 추첨한다는 말이 조금은 걸린다. 어떤 추첨에서도 행운은 나를 비껴갔는데. 내년도 우리 아파트 텃밭 명단에 부디 우리 집 동·호수가 들어가길 빌어본다. 더 먹음직스럽고 풍성한 채소밭을 가꿔 그때 그 맛을 느껴보리라.

(2019. 8)

새로운 발견

몇 년 전이다. 경남 거제에 사는 딸이 출산을 해서 가보기로 했다. 인근 도시에 사는 아들이 차를 가져왔고 우리는 일찍 집을 나섰다. 그러나 도로는 아침부터 밀렸다. 가다 서기를 반복하는 차 안에서 전용차선으로 쌩쌩 달리는 버스는 부럽기까지 해 냉큼 내려 달리고 싶었다.

새벽같이 나선 차가 오후 네댓 시가 될 무렵 고향 진주에 도착했고 우린 터미널에서 한참 떨어진 고향 집부터 갔다. 어머니를 모시고 갈 요량이었다. 미리 전화를 드렸더니 따라나설 채비를 하고 계셨다.

어머니는 운전대를 잡은 외손자를 보자 대견해하시며 차에 오르셨다. 몸은 차 안에 들이면서도 "내가 가도 되겠냐"를 반복하셨다. 가시고는 싶으나 외손녀가 몸을 풀었는데 할미가 가도 되겠냐는 말씀이었다. 나는 "엄마는, 외롭다고 하시면서 뭔 그런 말을 해" 하며 그냥 가시자고 우겼다. 어머니는 "그래그래" 하시며 더 이상 말씀은 안 하셨고 아들은 차를 거제로 향했다.

작은 도시 거제도도 차 밀리는 풍경은 서울 못지않았다. 날은 이미 어둠이 내렸는데 딸이 입원해 있는 산부인과 병원까지는 한참의 거리가 남아 있었다. 연로하신 어머니가 차 안에 오래 갇혀 있는 게 내심 걱정이 돼 살피니 바깥 불빛을 구경하시는 어머니는 차가 못 나가도 덤덤하셨다. 텅 빈 집에 홀로 계시면서 참는 게 몸에 익어서인지 신호를 몇 번씩 받아도 애달아 하지도 않으셨다.

드디어 도착한 산부인과 병원. 아기를 옆에 뉘어 놓고 있던 딸은 우릴 보자 놀라며 일어났다. 엄마 아빠가 간 것도 반가운데 외할머니까지 들어서니 딸은 할머니 손을 잡고 연신 할머니를 불러댔다. 기력이 쇠약하신 할머니가 그곳까지 온 것이 뜻밖이라 그런지 몸 둘 바를 몰랐다. 우리는 아기를 들여다보며 웃고 또 웃었다.

아무리 반가운 사이라도 오래 머물 수는 없었다. 어머니 기력도 그렇고 신생아의 환경도 고려해야겠기에 딸의 살림집으로 갔다. 주인도 없는 집에서 하룻밤을 묵고 다음 날 떠나 올 때였다. 갑자기 걱정 하나가 생겼다. 어머니를 떼 놓을 일이다. 서울로 모시고 오자니 장시간 차를 탈 게 걸리고, 가면서 내려드리자니 텅 빈 집에 또 혼자 계실 일이 걸렸다.

생각을 저울질하다 서울로 모시기로 마음을 굳혔다. 어머니는 "서울까지 우찌 가노" 하면서도 그리 싫지는 않은 눈치셨다. 코스모스가 하늘거리는 도로변을 보면서 잠시지만 우리는 아무 걱정 없는 사람들이 돼 있었다. 그러나 도로에 줄지은 차는 금세 내 마음을 짓눌렀고 앞이 아득했다. 건장한 아들도 내려갈 때 운전대를 잡고 몇 번이나 어깨를 주무르며 힘들어했는데 올라가는 길은 오히려 더해 보였다. 아들은 노인을 많이 태워본 기사같이 "할머니 비스듬히 기대어 계세요. 자주자주 쉴게요." 도로 사정을 모르는 어머니는 "오냐오냐" 하시며 연신 손자 말을 받았다.

일요일 한낮의 휴게소. 빼곡히 들어찬 차들은 우리 차 한 대 세울 공간을 남겨 놓지 않았다. 아들은 한참을 두리번거려 맨 끝에 가 차를 세웠다. 차는 세웠지만 어머니를 모시고 화장실까지 가는 것이 큰일이었다. 아기같이 아장아장 걷는 어머니가 언제 저쪽까지 가나 싶으니 몸이 달았다. 아무리 부축해도 앞은 줄지 않았고 아들은 "엄마, 할머니 제가 업을게요." 하며 등을 들이미는데 나는 말렸다. 얌전한 어머니 성품이 어쩌다 만난 외손자 등에 업힐 분이 아니어서다.

드디어 도착한 휴게소 건물. 아들은 김이 모락모락 나는 호두

과자도 사고 달콤한 음료수도 샀다. 어머니는 외손자가 건네주는 호두과자를 야금야금 드시며 맛있다고 하셨다. 나는 그런 곳에서 어머니가 음식을 드시리라곤 생각도 못 했다. 체면도 체면이지만 워낙 드시는 양이 적어 권할 마음도 없었다. 아들은 할머니가 잘 드시니 재미가 나는지 연신 옆에서 말을 붙이고 어머니는 당신 손에 있는 과자를 손자 손에 나눠 얹고 오가는 정이 잠시 서성이다가 떠나는 사람들에게 볼거리였다.

아들에게 그런 사랑법이 있는 줄은 나는 몰랐다. 집에 손님이 와 인사를 하게 되면 좀 살갑게 하라고 나무랐고, 차를 타고 가다 어른이 타면 퍼뜩 일어서라고 남보다 먼저 재촉했다. 용돈 몇 푼도 그냥 주지 않았다. 어디에 어떻게 썼느냐고 따졌고 귀가 시간이 늦어도 전화기에 눈총을 쏘며 골목에 사람 다 끊겼다고 언성을 높였다. 재미가 없는 말로 허구한 날 나무라기만 했으니 사이가 좋을 리 없었고 아들과 엄마는 늘 서로의 주장이 옳다고 우기기에 바빴다. 그랬으니 결혼을 하고도 걱정은 아들을 따라다녔다.

자수성가한 이웃 또래는 늘 아들보다 야무져 보여 돈 모으는 방법도 수시로 들먹였다. 그랬던 아들이 어느 도로가 한가한지 검색하는 거며, 큰 키를 애써 숙이며 보폭을 줄이는 거며, 할머니가 먹을 수 있는 먹거리를 고르는 거며, 모두가 나를 능가할 정도다.

뒤에서 보고만 있었는데 언젠가 고추를 말린 날이 머리를 스쳤다. 시장에서 마른 고추 한 자루를 산 날이었다. 집에 와서 보니 꿉꿉해 말려야 할 판이었다. 햇볕이 좋은 날을 기다렸지만 날씨는 무슨 심술인지 파란 하늘은 좀체 볼 수가 없었다. 어쩌다 해가 날 것 같아 자루를 건드리기만 해도 구름이 몰려오고 전날 밤 하늘에 별이 보여 내일은 틀림없다 하고 있으면 미세먼지 예보가 나왔다. 이래저래 고추 자루는 베란다에서 펑퍼짐하게 자리만 차지하고 있었다.

애를 태우다 말리게 되었는데 그날은 파란 하늘 아래 반짝이는 햇살이 통째로 빤 이불도 마를 것 같았다. 햇살도 영롱한데 하늬바람까지 간간이 불어줘 고추는 찰랑찰랑 소리를 내며 손만 대도 바스러질 것처럼 오지게 말랐다. 어지간히 내 속을 끓인 날들. 단 하루에 만회하면서 얼굴이 비칠 것 같은 고추는 최고의 가치를 내풍겼다.

어머니 손을 잡고 나보다 더 살갑게 구는 아들이 그날 날씨 같아 달고 살아온 염려가 순식간에 도망치듯 달아났다. 아들이 내 닦달을 뒤로하고 혼자 가꾸어온 심성을 보니 경부고속도로가 새로운 발견의 장소였다.

(2010. 10)

그늘

어둠이 덜 걷힌 시간, 아직 잠이 묻어있는 목소리는 작은딸이었다. "엄마, 오늘도 미세먼지농도가 엄청 높대. 창문 꼭꼭 닫으세요." 하고는 전화를 끊었다. 내가 환기하느라 창문을 여는 게 마음에 걸렸던 모양이다. 주방 환풍기도 잘 돌아가고 마루에도 환풍기가 있어 틀기만 하면 되는데 그래도 나는 창문을 자주 연다. 그런 습관을 고쳐 보려 해도 기계문명이 익숙지 않아서인지 툭하면 겨울에도 문을 열어젖힌다. 어제도 아이들이 와 있는데도 열다가 제재를 받았다.

얼른 머리맡에 있는 라디오를 틀었다. 딸의 말처럼 미세먼지 농도가 최고치란다. 공기 오염이 심하다곤 해도 이렇게까지 경각심을 가져올 줄이야. 미적거리다 밖으로 나갔다. 커튼을 걷으니 정말 하늘이 뿌옇다. 빤히 보이던 저쪽 건물도 뿌연 먼지 속에 갇혀있고 가을에 화려한 단풍을 달고 날마다 눈을 즐겁게 하던 큰 나무도 작은 가지는 보이지 않는다. 여느 때보다 오고 가는 사람도 그 수가 적다. 계속 말을 하는 라디오는 전국 미세먼지 농도를 수치별로 들려주는데, 서울만 이런 게 아니라 비교적 깨끗하리라고 여긴 먼 남도도 위험수위란다. 어쩌다 우리나라가 이 지경까지 왔을까.

넉넉하진 않아도 공기 하나만은 마음 놓고 마시던 시절이 있었다. 나무에 달린 열매는 먹을 것이라면 바로 입으로 가져가도 아무 일 없었고 땅속에서 막 나온 먹거리도 치마에 쓱쓱 닦아 그냥 먹어도 괜찮았다.

요즘은 깎아 먹어라, 씻어 먹어라, 온갖 수식어를 다 갖다 붙여도 행여 이물질이 남아있지 않을까 염려한다. 매일같이 일기예보에 귀를 기울이면서 빨래 한번 함부로 내다 널지 못하는 것 또한 일상이 되었다.

미세먼지는 입자가 작아 오늘같이 심하지 않으면 공중에 떠 있어도 잘 모른단다. 예보를 듣고도 예민하지 않은 사람은 심각하게 여기지 않는 것도 사실이다. 특수 도구를 가지고 봐야 보인다니 보통 일이 아니다. 고 작은 것이 온 나라를 뒤흔들고 있으니 새로운 고민거리가 됐다.

우리 아파트는 앞 동이 우리 동보다 높다. 층수는 같은 높이인 것 같은데 내 눈에는 높아 보인다. 건축법에 위반되지 않게 지었겠지만 어떨 땐 참 밉다. 해가 좋은 날 우리 집 해를 서슴없이 뺏으니 말이다. 하늘 중천에 해가 있을 때는 언제 그래 싶지만 서산 너머로 조금씩 조금씩 기울기 시작하면 앞 동이 일부러 딱 버티고 서는 느낌이다.

특히 비 온 다음 날은 더하다. 파란 하늘에 영롱한 햇볕, 얼마나 값진가. 이런 날 살림하는 주부들이라면 엷은 그늘도 달갑지 않다. 말리고 싶은 이불도 내 널고 좀처럼 만지기 힘든 두꺼운 겉옷도 맑은 볕을 쬐이고 싶다. 어데 그뿐이랴, 편하다고 자주 신는 운동화 속도 햇볕 소독만큼 좋은 건 없다. 늘 생각이 이래서였을까. 처음 살림집부터 양지가 모자라진 않았다. 온 동네에 빨간 기와집만 있어 어떤 이유로도 해를 막을 일은 없었다. 그 후 이사를 간 집도 그랬고 아파트로 옮겨 살면서는 맨 앞 동이어서 걸림돌이라곤 없었다. 햇살이 퍼지기만 하면 베란다는 온종일 환하고 밝았다. 그런 환경에 젖어 있다가 새집이 꽉 찬 지금 우리 동네는 키가 큰 건물들이 키재기를 하는 것 같다. 자연히 그늘 키도 크다.

생각의 폭을 넓히니 또 떠오르는 게 있다. 아파트 정원에 있는 식물 얘기다. 보편적 관리가 잘되는 편이라 무성한 식물들이 사시사철 나풀거린다. 큰 나무로는 소나무, 자작나무, 벚나무, 느티나무. 관목으론 찔레, 장미, 앵두 그리고 각종 야생화. 이렇게 많은 수목이 하루가 다르게 커 가고 있지만 부피와 마디가 굵은 식물 속에 치여 제대로 자라지 못하는 것도 있다. 하루는 영 다른 명아주 몇 포기를 발견하게 되었다. 잎이 노오래져 있었다.

아이들이 놀다가 공을 넘겨 찾아주려고 풀숲을 뒤지다 눈에 띄었는데 너무 노래서 깜짝 놀랐다. 푸른색으로 자라야 할 잎이 얼토당토않은 색으로 늘어져 있었으니 눈이 간 것이다. 가만 보니 바로 옆에 키가 크고 대가 튼실한 억새가 그걸 덮고 있었다. 안쓰러움에 풀을 비집고 밖을 보게끔 손질해 주었다.

그러고 며칠 후다. 무심코 지나는 길에 눈이 맞닿았는데 그새 줄기에 생기가 돌면서 푸른 물이 드는 중이었다. "어머 어머" 하고 발을 멈추자 벌써 바닥에 있는 잔디까지 파래지고 있었다. 큰 식생들을 물리칠 수가 없어 해 한번 제대로 보지 못하다 햇빛이 들어가니 제 모습을 찾아가는 것이었다.

식물이나 사람이나 뭐가 다른가. 뜻하지 않게 주변에 의해 괴롭힘을 당하면 건강할 수 없을뿐더러 피해를 본다는 것. 미세먼지가 호흡기를 따라 우리 몸에 들어가면 치명적이라니 누구나 알게 모르게 건강에 상처를 입는 건 뻔한 사실일 게다. 외출을 삼가고 마스크를 쓰라는 일기예보가 새로운 언어로 자리한 것은 참 슬프다. 노오랬던 억새풀처럼 미세먼지도 내 작은 힘으로 걷어낼 수만 있다면.

하루도 아니고 삼일 연속 초미세먼지 속에 살면서 제시간만 되면 그늘 내릴 준비를 하는 앞 동 아파트에 오늘따라 더 눈이 간다.

(2019. 1)

염려는 기우였다

김치냉장고가 한창 세상에 알려질 때다. 우리도 한 대 구입하게 되었다. 계약을 하고 며칠을 기다렸다. 냉장고 놓을 자리를 치워놓고 있는데 대문 앞에 트럭이 멈추더니 낯선 장정이 내렸다. 냉장고를 싣고 온 것이다. 기사는 주소를 확인한 다음 내리는데 혼자였다. 무게도 있고 몸집도 큰데 손을 맞잡을 사람도 없이 어떻게 하려는지 내심 걱정이 됐다. 그러자 기사는 바퀴가 달린 도구를 꺼내더니 대문 안까지는 큰 문제 없이 끌어들였다.

이층으로 올릴 때다. 내 계산으로는 도저히 안 되겠는데 기사의 자세는 물러설 기미가 없어 보였다. 집에는 아래위층 통틀어 사람이라곤 나 혼자 있었으니 대책이 서지 않아 물끄러미 보고만 있는데 계단을 요리조리 살핀 기사는 냉장고를 굴려서 올릴 거란다. 나는 놀라 "안 돼요 안 돼" 하며 약한 내 힘이라도 보태려 다가서는데, 기사는 아무렇지도 않은 표정으로 모가 있는 냉장고를 한 계단 한 계단 굴리기 시작했다. 몸이 바르르 떨렸다. 포장이 돼 있긴 했지만 전기제품을 저렇게 굴려도 될까, 이해가 안 돼 떨리는 목소리로 물었다.

"이래도 괜찮아요." 한마디로 괜찮단다. 계단이 한두 개도 아닌데 구르고 굴러 주방으로 냉장고가 들어올 때까지 나는 정말 간이 오그라드는 것 같았다. 포장을 뜯고 냉장고를 제자리에 앉힌 후 기사는 돌아갔다. 안 보던 작업을 본지라 가슴이 오래도록 두근거렸다. 냉장고 문을 열 때마다 그 일이 떠올라 고장이 나지 않을까 하는 염려는 머리에서 지워지지 않았다. 장거리 길을 갈 때도, 집을 며칠 비울 때도 부엌에 냉장고가 안녕할까 하는 걱정이었고 꿈자리가 사나워도 온통 김치냉장고에 신경이 곤두섰다.

그러다 몇 개월 후 일반 냉장고를 교체할 때다. 말만 하면 금방 알 수 있는 회사 제품이었다. 배달되는 날, 그날도 공교롭게 나 혼자 집에 있었다. 김치냉장고가 들어온 날이 떠올라 "왜 냉장고는 집에 사람이 없는 날에 온다고 할까?" 하며 중얼거리다 저녁때 오라고 전화를 하려는데 이미 차가 집 앞에 왔다. 차 문이 열리더니 예상과는 달리 큰 장정이 두 명이 내렸다. 그 자리서 내가 내 표정을 볼 수는 없었지만 환하게 밝았던 것은 장담할 수 있다. 장정들은 노련한 솜씨로 냉장고를 옮겼고 뒷마무리까지 야무지게 하고 돌아갔다.

두 대의 냉장고는 회사도 다르고 용도도 조금은 차이가 나지만 음식을 보관하는 건 똑같다. 그런데 사용할 때마다 굴러서 들어온 냉장고가 관심이 더 갔다. 아무래도 수명에 문제가 있지 않을까 싶어서다. 김치를 넣고 뺄 때마다 그때의 일이 상기되면서 한 번 더 눈이 갔다.

그럴 때면 내가 일하는 생태학교 주변 징검다리도 생각난다. 이 다리를 두고 사람들은 일부러라도 한번 건너보고 싶어 한다. 도심을 가로지르는 물이 있다는 것도 신기하지만 더운 날 종아리 아래로 흐르는 물을 도시에서 건너는 것은 쉽게 맛볼 수 없는 재미라 관심이 많지 않나 싶다. 입소문이 나면서 인기가 높은 편이다. 안 건너도 길이 있는데 일부러 건너는 사람들도 있다. 이러니 생태학교에 학습을 온 아이들도 건너보겠다고 앞다투어 나선다. 큰 아이들이야 문제가 없지만 어린아이들은 풍덩 빠질까 봐 마음이 쓰인다. 인솔해 온 담임 선생님들이 옆에서 도와도 마음이 쓰이는 것은 어쩔 수 없다.

아주 어린 아이를 만난 날이다. 아무래도 이 아이들은 안 되겠다 싶어 건너지 않으려고 하는데, 아이들은 나를 에워싸고 “선생님, 징검다리 건너요." 하며 매달렸다. "그래, 키가 조금 더 크면 그때 건너자." 하고 넘겼는데 한 번 한 말을 자꾸 되풀이하니 보다 못해 "건너고 싶은 어린이는 손들어 봐요." 했다. 빠짐없이 손을 든다. 망설이다 인솔 교사와 논의를 하게 되었고 한 명 한 명 손을 잡고 건너기로 결정을 내렸다. 그런데 대부분 아이들은 손을 잡는 걸 싫어했다. 혼자 건너고 싶다는 것이다. 물이 깊진 않지만 그래도 학습 중에 빠지면 민원이 발생할 수도 있어 그럴 땐 절대 아이들 뜻을 따르진 않는다. 그래도 몇몇 아이는 자신만만하게 다가와 손을 놓아주었다.

요리조리 살펴보며 띄엄띄엄 놓인 돌 위로 발을 옮겨 놓는데 간이 콩닥콩닥 뛰었다. 재빠르게 다가가 손을 잡으려고 하면 뿌리쳤다. 가운데쯤 갔을 때는 아이들이 아슬아슬하게 발을 옮기면서 손에 땀이 났다. 스무 개가 넘는 돌을 거뜬히 건넜다. 발이 땅에 닿자 해냈다고 소리를 지른다. 아직 끝이 남은 아이는 돌 위에 서서 해낼 테니 지켜보라는 듯 이쪽저쪽을 바라본다. 물속에서는 물고기가 노닐고 바람이 일라치면 물결무늬도 물 위에 수를 놓는다. 수시로 왔다가 제멋대로 날아가는 왜가리, 청둥오리, 가마우지도 아이들의 침착함에 응원을 한다. 내가 맡은 아이들이 다 건너고 나니 조마조마했던 가슴이 언제 그랬나 싶다.

김치냉장고를 들일 때처럼 아이들이 징검다리를 건널 때도 손에 땀을 쥐게 했지만 내 염려는 기우였다. 지금도 김치를 꺼내면 갓 담은 것처럼 아삭아삭하고 맛이 그대로다. 가끔 도시락을 쌀 때 김치를 반찬으로 넣게 되면 밥을 같이 먹는 사람들이 맛있다고 한다. 그럴 때면 나는 꼭 우리 집 김치냉장고를 내세우면서 주먹을 꼭 쥐고 징검다리를 건너던 아이들 얘기도 함께 한다.

(2020. 4)

곳곳의 인정

해가 뉘엿뉘엿 지고 있다. 저녁 지을 준비를 하느라 냉장고 안을 들어다 본다. 며칠 전 삶아놓은 시래기가 먼저 눈에 띈다. "맞아, 된장국." 하다 시래기에 손이 가는데 갖다준 사람이 어른거린다. 시골에 사는 올케언니다. 언니는 추위가 시작될 때 파르스름하게 잘 마른 시래기를 한 아름 가져왔다. 자동차 짐칸에 넣어와 부스러질까 봐 조심조심 다루며 건네주었다. 그러면서 해 먹는 방법도 일러줬다. 물이 팔팔 끓을 때 시래기를 넣어야 질기지 않고 연하다고.

며칠 전 일삼아 삶았다. 온 집안에 시래기 특유의 냄새가 확 퍼지면서 말랑하게 잘 물렀다. 큰 대야에 물을 넉넉히 담아 충분히 헹군 다음 손바닥에 놓고 꼭 짜니 몽돌 크기만 한 덩어리가 두 개나 나왔다. 하나는 당장 프라이팬에 참기름을 적당히 두르고 볶고 하나는 냉장고에 넣었다.

볶아놓은 시래기가 맛있다며 식구들은 밥그릇을 깨끗이 비워냈다. 모처럼 입맛을 살린 것 같아 기분이 좋으면서 남은 것도 맛있게 먹을 거라 여겼다. 그 맛을 상상하며 꺼낸 시래기를 먹기 좋은 크기로 썰어 냄비에 담고 된장을 꺼냈다. 된장 역시 얻어온 것이었다.

어느 날 큰댁에 들리러 간 남편 편으로 손윗동서가 들려 보낸 것이다. 맛이 괜찮으니 먹어보라고 했다는데, 깊숙한 반찬통에 가득 들어 있었다. 반갑게 받아 베란다에 놓고는 설레는 가슴을 억제할 수 없었다.

큰집 된장은 예사 된장이 아니기 때문이다. 도시 생활을 접고 시골에 내려간 형님 여동생이 콩 농사를 지어 메주를 쒀 인편으로 보냈는데 형님은 그 메주로 장을 담그셨다. 솜씨가 남다른 형님이 담가서 맛 또한 일품이다. 제사 때나 명절 때 큰집에 가 나물을 무치거나 국을 끓이면 온 집안에 얼큰한 냄새가 풍긴다. 장맛이 좋아 그렇다고 사람들은 코를 벌렁거리며 형님 장맛에 입을 모았다.

시래기에다 된장을 버무려 양파껍질과 멸치를 우려낸 다시육수를 붓고 나니 알싸한 풋고추도 넣고 싶었다. 또 냉장고 문을 여니 얼마 전 하우스 농사를 하는 작은 시누이가 보내준 고추가 있었다. 고추는 좀 떨어져 사는 큰 시누이한테 택배로 온 것인데 양이 많다며 나눠 주셨다. 두 개를 꺼내 다지면서 마늘도 떠올랐다. 공교롭게도 마늘도 내가 돈을 주고 산 게 아니고 얻은 것이었다. 마늘 수확이 한창일 때 지방 도시에 사는 여동생은 서울에 다녀갈 일이 생겼고, 오면서 가져온 것이다.

국이 보글보글 끓을 때 다져놓은 고추와 마늘을 넣고 고명처럼 위에 올릴 파를 썰었다. 곳곳에 인정이 한 솥에 모여서일까. 김을 따라 나는 국 맛이 구수하다 못해 단내가 났다. 바로 앞에 있는 국자로도 떠먹고 싶어질 만큼 구미가 당겼다. 그래도 밥이 뜸이 덜 들어 기다려야 했는데, 재료를 준 친척들이 줄을 지어 내 앞에 섰다.

시래기를 가져온 올케언니는 바느질 솜씨가 좋아 학교 앞에서 교복 짓는 일을 수년간 했다. 틈틈이 자투리 천이 생기면 내 갈음옷도 딱 맞게 지어 택배로 보내주던 언니다. 손위이긴 하지만 나보다 나이가 어리다 보니 항상 말을 낮추려 들지 않아 약간은 불편한 점도 있었다.

된장을 준 동서와의 관계는 좀 남다르다. 내가 초등학교 다닐 때는 사모님이셨다. 아주버님이 담임 선생님이셔서 가끔 사택으로 심부름을 가게 되면 "사모님?" 하고 부른 분이다. 수줍음이 많았던 나는 그 당시도 사모님이란 말에 입이 잘 열리지 않았는데 결혼을 하고 동서로 자리가 바뀌면서는 형님이란 말도 참 어려웠다.

인편으로 고추를 보내준 큰 시누이도 마찬가지다. 여러 번 담임이 겹쳐진 게 시누 남편이어서다. 졸업을 하고도 한동안 잊지 못하고 친구들과 안부를 주고받을 때 사모님 얘기도 하곤 했었는데 관계가 관계니만큼 어색하긴 동서나 다름없다. 고추농사를 짓는 작은 시누이는 특별히 얽힌 건 없어도 한 학교 운동장에서 같이 뛰놀며 자랐다. 한참 선배였지만 절대 남자아이들한테 지지 않았고 주머니에 먹을 게 있으면 먼저 준다는 소문도 떠돌아, 인정이 많은 건 그때부터 알았다.

그에 비하면 좀 성격이 온순한 편인 여동생은 전통무용을 하는지라 농사라곤 모른다. 그런데도 나눠줄 마늘이 있는 건 농토가 많은 고향 가까이 살아서일 게다. 식구가 단출한 데다 어머니를 닮아 부지런하고 잔정도 많아 한번 상경하면 뭐라도 들고 온다. 나는 이런 동생을 통해 어머니도 보고 맛난 것도 얻어먹는다.

그러고 보니 국을 담을 그릇도 들어온 것이다. 수원 사는 여동생은 제부가 직장 기념일 때 선물로 받은 것인데 집에 똑같은 게 있다며 나를 주었다.

김이 모락모락 오르는 된장국을 앞에 두고 피붙이들과 혼자 대화를 하지만 재미는 끝이 없다. 값나가는 고기가 들어간 것도 아닌데 햇살처럼 퍼진 국 내음. 더는 생각을 접고 보글보글 끓는 국에다 밥을 말아 후후 불어가며 한 그릇 후딱 먹어 치워야겠다.

(2015. 1)

영원한 선물

어머님 방식대로

해마다 이맘때면 장을 담근다. 살림을 차린 첫해는 시어머님이 감칠맛이 나는 장을 주셨지만 그 후로는 직접 담그는 게 연례행사이다. 시어머님이 메주를 보내 주시면 그때부터 장 담그기가 시작된다. 메주를 씻어 말리고 항아리를 닦고 소금물을 풀 큰 그릇들을 준비한다.

물 한 말에 소금 서 되를 예상하고 그릇에 소금과 물을 번갈아 조금씩 부어가며 소금을 녹인다. 아무리 조급해도 녹는 시간만큼은 참고 견디면서 긴 막대로 젓다 보면 소금의 형체는 없어진다. 녹인 물을 한나절 가라앉힌 다음 항아리에 체를 받치고 바가지로 떠서 부으면 물에서 기타 튕기는 소리를 내면서 어느새 다 옮겨진다.

그런 다음 어머님이 하시는 방식대로 나도 씨가 짤랑이는 빨간 고추, 참깨, 숯을 동동 띄우고 항아리 주둥이에 망을 씌운다.

고추와 참깨는 어울리는 양념이라 그냥 봐 넘겼지만 숯은 궁금해 어머니께 여쭤봤는데 소독하는 차원이라고 하셨다. 작업이 끝나면 남편은 언제 봤는지 달려와 항아리를 장독대 양지바른 쪽에 들어다 놓았다. 수돗가에 널브러져 있는 그릇들을 소금기가 빠질 때까지 씻어 양지바른 쪽에 내다 놓으면 장 담그기는 끝이 난다.

햇볕 덕분인지 서툰 풋내기가 담근 장치고는 맛이 괜찮다는 평을 받았다. 국을 끓이거나 나물을 무칠 때 조미료를 넣지 않아도 맛있다고들 했으니 어머님이 말씀하셨듯이 그 맛을 장이 낸다고 본다.

이젠 어머님도 먼 나라로 가셔서 메주도 내 손으로 쑤어야 한다. 늦가을 나뭇잎이 우수수 떨어지면 콩 구입이 시작되는데 잘 여문 콩을 사기 위해서는 알음알음 물어 시골에서 직접 구한다. 이 과정도 만만찮다. 잘못 샀다가는 콩이 좋지 않아 메주가 푸석하기 때문이다.

콩이 준비되면 메주 쑤는 날을 잡는데 이때도 어머님이 하셨던 것처럼 나도 손 없는 날을 택한다. 그런 날은 아흐레, 열흘 그믐이었다. 음력이라 달력에 동그라미를 치지 않으면 깜빡할 수도 있어 마음먹고 달력을 본다. 마른 명태 같은 콩을 푹 무르게 하기 위해서는 한 이틀쯤 저어 가며 불을 올리는데 이때는 나무주걱을 사용한다. 나무가 결이 무뎌 솥에 닿아도 달그락거리지 않고 저어내기가 편리해서이다.

콩이 누렇게 변해야 알맞게 익은 거라는 어머님 말씀도 참고로 하면서 식구들이 메주 솥 근처에서 엄지와 검지로 콩을 눌러본다. 잘 으깨지면 그땐 절구에다 찧는다. 이때가 제일 마음이 쓰인다. 행여 아래층에서 쿵쿵거린다고 올라올까 봐 절구통 밑에 두꺼운 책을 몇 겹으로 깔고 헌 옷을 켜켜이 놓는다.

숨을 죽이고 빻다가 콩 조각이 보일 듯 말 듯 하면 동글납작한 양푼에 보자기를 깔고 야무지게 싸서 꼭꼭 밟는다. 덩어리가 으스러질까 봐 막 잠이 든 아기 눕히듯 조심조심 들어다 짚을 깔고 베란다에 내놓는다. 감질나는 늦가을 해를 잘 붙드는 것도 메주를 쑤는 일의 연장이다. 올해같이 눈이 일찍부터 자주 오면 햇빛은 금덩어리다. 나는 이 비싸게 구는 해를 되도록 많이 쬐기 위해 메주 옆에 꼭 붙어 지낸다. 해를 따라 자주 옮겨 놓아야 하기 때문이다.

어머님은 장을 담그는 달도 정해져 있었다. 음력 정월이 제격이라 하셨지만 어쩌다 놓치게 되면 짝수 달 2월에는 담그지 않으셨다. 3월로 넘어갔는데 정월 장보다 맛도 덜하고 소금도 많이 들었다. 그 뜻이 이유 없이 내게로 옮아왔고 나도 그대로 하고 있다.

올해도 설을 쉰 지가 열흘이 지났다. 겉옷 소매를 둘둘 걷어붙이니 모처럼의 행동을 눈치챈 남편이 돕겠다고 나섰다. 어머님 자리에 남편이 선 것이다. 철부지 며느리가 행여 장맛을 망칠까 봐 어머님은 내심 초조해하셨다. 내가 소금물을 퍼 담는 것도 못 미더워 바가지 쥐는 법도 가르쳐 주셨다. "장은 부정 타면 안 되느니라." 하신 말씀은 지금도 생생하다. 장이 우리 생활에서 없어서는 안 될 양념이라 마음가짐과 몸가짐을 정갈하게 하고 임하라는 뜻으로 받아들이고 있다.

흰 앞치마를 두른 어머님이 어른어른하다. 쪽진 뒷모습도 예나 지금이나 똑같으시다. 메주 옆에서 서성이는 나를 솜씨가 좀 늘었나 지켜보시는 것 같아 사뭇 조심스럽다. 앞서 물기를 뺀다고 거꾸로 세워 놓은 장독을 한쪽이 기울게끔 돋움을 놓은 게 마음에 드시는지 환히 웃으신다. 항아리를 바로 세워놓고 마루 끝 햇살이 얄밉도록 밝아 어머님을 앉으시라고 하려는데 정신이 번쩍 든다. 내가 어머님이 하셨던 그대로 장을 담그다 보니 잠시 꿈을 꾼 것이다. 야무지셨던 어머님이 염려가 돼 내 마음에 와 계신 것이다.

장꽃이 피면 또 어머님이 오실 테지. 그럼 나는 수저로 하얀 장꽃을 살살 걷어내고 누런 된장을 건져내 너른 대야에 대고 박박 치대겠지. 주둥이가 좁은 항아리에 된장을 퍼 담는 일을 어김없이 할 테니 이것도 어머님이 전수해 준 내 장 담그기다.

(2011. 2)

내세울 게 없었는데

오른쪽으로 가면 하늘공원이고 왼쪽으로 가면 노을공원이다. 차에서 내린 나는 갈림길에서 서 있었다. 하늘을 한번 올려다봤다. 이른 시간인데도 흰 구름 몇 조각이 떠다닌다. 오를까 말까? 망설이는데 어느새 발은 오른쪽으로 내디디고 있었다. 길이 가팔랐다면 선뜻 내키지 않았을 텐데 완만한 길이 나를 부추긴 것이다. 지난주에도, 지지난 주에도 미적미적하다 돌아섰던 곳.

나는 최근 들어 일요일 아침에는 꼭 이곳에 온다. 노을공원에서 봉사하는 남편을 따라서다. 정해진 시간만 아니면 걸어와도 될 거리지만 쫓기는 아침에 걷기에는 벅차다. 그렇다고 대중교통도 수월하지는 않다. 지하철역이 있어도 공원이 워낙 넓다 보니 목적지까지는 거리가 있고 버스도 그렇다. 그러니 남편은 차를 몰고 다닌다. 흔히들 말하는 '나 홀로 차량' 이다.

그러다 어느 날부터 내가 동승을 하게 되었다. 나는 의미 없이 무작정 따라나서는 게 아니고 약간의 이익을 챙겨간다. 그 이익이라는 것은 아는 길이라 서툰 내 실력으로도 부담 없이 운전을 할 수 있다는 것과 나날이 커가는 수목들을 휴대전화에 담아가는 재미다.

이곳은 이른 봄부터 엄청난 변화가 일어난다. 물론 대부분의 식물이 봄에 잎이 나고 꽃이 피지만 월드컵 경기장을 둘러싸고 있는 공원은 다르다. 쓰레기 더미였던 곳이었기에 관심이 더 가고 날로 커가는 풀과 나무도 유별나게 무성하다. 학교에서 편지쓰기 수업을 한 번씩 맡아서 하는 나에게는 색다른 교재도 된다.

몇 주 전에는 덜꿩나무꽃과 산사나무꽃, 불두화 등을 훔치듯이 전화기에 담았다. USB에서 고스란히 모습을 드러낸 그날은 아이들이 눈을 떼지 못했다. 3학년 교실이었는데 글을 쓰기 전 가식이 없는 자연을 먼저 보여주고 아이들을 내 안으로 불러들인 게 먹혀든 것이다. 그래서인지 감동 있는 편지가 다른 날보다 훨씬 많았다. 담임 선생님은 물론 교실 분위기까지 좋아 아직도 기억이 생생하다.

오늘은 향긋한 찔레 향기가 벌써 코를 자극한다. 하얀 꽃잎을 남김없이 사진을 찍으려는데 저 아래서 꿩이 푸드덕 난다. 꿩도 봐야 하고 꽃도 찍어야 하는데 더 멋진 모습이 옆을 스친다. 부부로 보이는 젊은이다. 이들은 손을 꼭 잡고 산책을 하는데 그 모습이 참 정겹다. 아침 시간에 어린아이를 떼어 놓고 나왔구나 싶으니 여유 있는 삶이 부러울 정도다. 순간순간 사람 소리도 심심찮게 들리고 싸한 풀 내음도 계속 이어진다.

드디어 정상이다. 기다란 막대기로 가로로 울을 해놓은 곳에 기대어 섰다. 확 트인 사방, 경기장 정문 옆에는 무슨 행사가 있을 모양인지 사람들이 모여들고 난간이 붉은색인 성산대교에는 금세 차들이 달아난다. 한시도 쉬지 않고 돌아가는 수도 서울의 한쪽 면을 별 준비 없이 보는 건 오직 이 공원 덕분이다.

나는 언제부턴가 누가 어느 동네에 사느냐고 물으면 먼저 월드컵 경기장을 들먹인다. 바로 턱밑은 아니지만 제일 쉽게 상대방에게 지역을 이해시키기에는 더없는 도구여서다. 그러면 서울 지리를 잘 모르는 사람도 내가 어느 쪽에 사는지 일단 감을 잡는 표정이다. 일일이 도로명 주소를 들먹이지 않아도 되니 쉽게 튀어나온다. 월드컵 경기 때 우리가 들뜬 만큼 그 명성이 높아 모르는 사람도 없다. 학생들도 주변에 늘려있는 꽃이라도 월드컵공원 꼬리표만 붙으면 귀가 쫑긋해지니 자주 들먹이게 된다.

처음 이사를 와서다. 내세울 게 별로 없는 곳이라 동네만 물어도 꼬치꼬치 대답을 해야 했다. 일일이 주소를 대 주어도 듣는 사람은 한참 귀를 기울인 다음 고개를 반쯤 끄덕였다. 큰 대학이 몰려있는 신촌이 가깝긴 해도 사는 곳으로 내세우긴 거리가 있어 신촌에서 더 간다고 말한 적이 한두 번이 아니다.

경기장 동네에서 오랫동안 산 할머니는 그러셨다. 예전에는 동네 지명을 숨기며 살았다고. 상암동 하면 못사는 사람들이 사는 곳이라고 멸시를 해 어쩔 수 없었단다. 그랬던 동네가 둥그런 지붕을 지닌 경기장이 들어서고부터는 상상도 못 할 만큼 변해 있다. 서울 끄트머리는 말할 것도 없고 지방에 사는 사람도 경기장만 대면 그런 좋은 곳에 사느냐며 되묻곤 한다. 너른 부지에 공원만 해도 다섯 개나 들어서 있으니 부러움을 살 만하다.

멍하니 내려다보고 있는데 연초록 잎 사이로 자동차 몇 대가 들어와 주차를 한다. 내릴 사람들이 어떤 즐거움을 만들지 궁금해지는 순간이다. 지명도 숨기면서 살았다는 이곳에 사시사철 사람들이 모여드는 새로운 풍경. 사람이나 지역이나 이곳처럼 변화가 일면 얼마나 좋을까. 알아주는 이 없이 살았더라도 별안간 일이 잘 풀려 좋은 이웃도 생기고 풍요로운 생활이 이어진다면 바랄 게 또 뭐가 있겠는가.

(2017. 5)

재산 목록 1호

코로나19가 터지고 한 번도 겪어보지 못한 경험을 하면서 일거리를 찾게 되었다. 우선 집안 정리부터 시작했다. 구석구석 뒤지고 있는데 사과 한 상자가 배달돼 왔다. 방송을 듣다가 문자를 보낸 게 당첨돼 선물로 온 것이다. 유명 생산지에서 온 사과는 빨간색이 핏빛처럼 선명하고 고운데 향기도 향긋했다. 하나하나 꺼내 바구니에 담을 때다. 문득 모아놓은 카세트테이프가 머리를 스쳤다. 테이프 속에는 라디오에서 방송된 내 얘기가 들어 있었기 때문이다. “그래 이참에 부피도 줄일 겸 정리를 하자.” 서랍을 여니 제법 많은 양이다.

퍼뜩 어린 시절이 떠올랐다. 늘 일손이 부족했던 우리 집. 아버지는 글을 쓰고 읽는 데는 누구보다 앞서 있었지만 농사일은 몸에 맞지도 않았고 일을 돕는 아재가 하거나 아니면 중학생 오빠가 어머니를 도왔다. 그러니 어머니는 만만한 오빠가 학교에서 돌아오기만을 기다렸고 착하고 말 잘 듣던 오빠는 집에만 들면 교복을 벗어놓고 큰 머슴처럼 일을 했다. 그러던 오빠가 하루는 일을 안 하겠다는 것이다. 알고 보니 '라디오를 사 달라는' 조건이 붙었다. 난데없는 말에 파랗게 질린 어머니는 속을 끓이며 오빠를 달랬지만 꿈쩍도 하지 않아 이길 수 없었고 어머니는 못마땅해하면서도 큰 스피커 두 개가 달린 라디오를 사 주셨다.

노래를 좋아하던 오빠는 담장 위에 라디오를 올려놓고 아이답지 않게 유행가를 따라 부르며 장작을 팼다. 투박한 장작은 구성진 오빠 목소리에 발그레한 속을 보여주느라 쩍 갈라졌고 힘에 부칠 법도 한데 오빠는 쉬지도 않고 장작에 매달렸다. 옆에서 쪼그리고 앉아 있으면 나도 라디오 소리가 좋았다. 그러던 차에 하루는 희망곡을 받는다는 생소한 말이 나왔다. 호기심이 생겨 방송국 주소를 얼른 받아 적는데 끝부분은 지나가 버렸다. 안타까워하니 외우고 있던 오빠가 알려 주었고 서둘러 엽서를 보냈다. 그러고 일주일 후 방송에서 정말로 내 이름이 나왔다. 앞마당에 사람들이 있었지만 부끄러운 줄도 모르고 방방 뛰었다. 그 후로는 라디오를 보기만 해도 재미가 났다.

라디오 물이 온몸에 배어서일까. 결혼을 해서도 그 귀한 라디오를 들을 수 있었다. 시댁 안방에 라디오가 있었기 때문이다. 시아버님 머리맡에서 온갖 세상사를 전해 주는 라디오는 식구들의 사랑을 통째로 받으며 하루도 입을 다물지 않았다. 그래도 새 각시가 라디오 앞에서 시시닥거릴 수는 없는 일이라 아버님이 나가시기만 하면 사이사이 듣는 게 버릇처럼 굳어갔다. 어느 날 눈치를 챈 아버님은 내 방으로 라디오를 갖다 놓으셨고 단짝 친구가 돼 버렸다.

그 라디오는 살림을 나면서도 나를 따라왔고 내가 안방에 있으면 안방에서, 밖으로 나가면 밖에서 그림자처럼 따라다녔다. 일을 하면서도 들을 수 있는 장점이 있으니 내치려야 내칠 수 없는 게 라디오였다. 그러니 듣다가 참여하는 것은 당연했고 보낸 글이 운이 좋아 방송이 되는 날은 횡재도 그런 횡재가 없었다. 선물도 받고 더 재수가 있는 날은 원고료도 받았으니 라디오 사랑은 끝이 없었다. 그러니 우리 식구들은 응원군이 돼 있었고 방송국 아줌마라는 별칭은 이웃 아이가 붙여주었다.

테이프 속에서 봇물 터지듯 나오는 옛이야기. 내 얘기도 즐거운데 까맣게 잊고 있던 큰딸의 일기도 나왔다. 방송 진행자가 "몇 월 며칠 ㅇㅇ초등학교 허영애 어린이의 일기입니다." 하는데 할 말을 잃을 지경이었다. 오싹해진 가슴을 움켜쥐고 귀를 쫑긋 세웠다. 초등학생이라니! 넋이 나갈 것만 같았다. 들은 즉시 바로 아이들 대화방에 올렸더니 난리가 났다. 박수 소리와 웃음소리. 어떤 즐거움도 끼어들지 못할 것 같았다.

그러고 이삼일 후다. 이번엔 아들 글이 나왔다. 여름방학 때 시골 할머니 댁에 다녀온 얘기를 '우리들은 새싹들이다' 라는 프로그램에 보낸 사연이었다. 방송이 나가고 진행자와 사학년이었던 아이가 전화 통화를 한 것도 담겨 있었는데, 떨고 있는 아들 목소리에 손에 땀이 다 났다. 조마조마해 몸 둘 바를 몰랐지만 붕 뜬 기분은 누구를 만나든 바로 입에서 나올 것 같았다. 키가 훌쩍 커 버린 아들과 라디오 속 아들. 세월을 가운데 두고 나를 그렇게 웃겼다. 이 글 역시 대화방에 올렸고, "엄마 고마워요."라는 소리에는 정겨움이 넘쳐났다.

작은딸 얘기는 앞서 고등학교 졸업식 날 풍경으로 나왔는데 동요 한 곡이 또 숨어 있었다. 여리고 여린 해맑은 소리. 어떤 어려움이 생겨도 저 음성만 들으면 해결될 것 같아 휴대전화 신호음으로 넣어야지 하는데, 까르르 웃음도 뒤따라 나왔다.

엄마아빠가 된 세 아이들. 커버린 덩치에 이제 아이티는 없지만 카세트테이프 속에서는 초등학생들이다. 방송이 될 거라고 연락을 해주던 시대도 아닌데 어떻게 녹음을 할 수 있었을까. 워낙 즐기다 보니 가능했을 것이다. 세월이 흐르면서 사연이 방송되면 테이프를 보내주는 제도도 생겼지만 그전에는 언감생심이었다. 특히 밖에서 듣는 날은 녹음은커녕 제대로 듣지도 못했다. 하루는 경부고속버스 천장 스피커에서 사연이 나오는데 옷자락이 닿을 것 같은 옆 사람에게도 못 알리고 귀를 기울였다. 시내버스에서도, 여행지에서도 그런 일이 일어나곤 했다.

정리를 다 하고 나니 지우개 크기만 한 이동식 기기의 배가 볼록하다. 아등바등 살 때는 현실을 비껴가고 싶기도 했지만 오빠 덕분에 라디오를 들었더니 길든 생활이 보석을 낳았다. 살고 있는 아파트를 재산 목록 1호로 잡았었는데 이젠 기기 속 얘기가 그 자리를 넘보고 있다.

(2020. 4)

영안실의 곡소리

월드컵이 열리던 해다. 시어머님이 갑자기 병이 나셨다. 급하게 걸려온 전화기 너머로 아버님의 긴 한숨이 들렸고 우리 형제들은 즉시 고속도로를 장시간 달려 어머님이 입원해 계시는 병원으로 갔다. 병실 문을 여니 어머님은 응급 치료는 한 상태였지만 거동은 못 하신다고 간호사가 귀띔해 주었다. 며칠을 그 병원에서 보내고 형제들은 어머님을 우리가 사는 서울 병원으로 모셔오기로 뜻을 모았다. 그러나 아버님께서 완강히 거부하셨다. 아픈 사람이 정든 고향을 두고 어딜 가느냐는 것이다. 연로하신 아버님의 뜻을 안 따를 수가 없어 우리는 사 남매가 번갈아 가며 열흘씩 어머님 병실을 지키기로 결론을 내렸다.

그러나 말이 쉬워 열흘이지 각자 살림을 하면서 해내기란 보통 어려운 게 아니었다. 큰집 형님도 늘 바쁘신 분이었고 시누이 두 분도 일을 하고 있어 선뜻 나설 형편이 못 됐다. 내 경우에는 학교 다니는 아이들을 두고 집을 비우는 것도 문제였지만 또 내가 대학 공부를 하는 중이어서 대책이 서지 않았다. 그래도 따를 수밖에 없었는데, 나는 내 차례가 되면 책을 한 가방 메고 집을 나섰다.

병실 침대 밑에 책을 놓고 어머님이 잠이 드시거나 다른 환자들이 고통을 덜 호소하면 책을 폈다. 하루는 회진을 온 의사 선생님이 무슨 책이냐며 한번 보자고 하셨다. 몇 권을 펴 보고는 놀라시면서 이런 곳에서 어떻게 공부가 되느냐며 처음 보는 일이라고 고개를 저으셨다. 환자 6명이 누워있는 병실이라 신음은 그칠 새가 없었고 때론 위급한 환자가 발생해 밤인지 낮인지도 분간이 안 되는 그 안에서 책을 편다는 자체가 맞지 않았지만 나는 꼭 해내야 했기에 입을 꾹꾹 다물며 하루하루를 버터 냈다.

그러던 중 하루는 아버님이 나를 야멸차게 나무랐다. 환자만 돌봐도 일이 많은데 무슨 공부냐는 것이다. 책을 갖다 놓은 게 죄가 되어, 갖은 노력을 하는데 아버님이 그러시니 왈칵 눈물이 났다. 주사기 줄을 주렁주렁 매달고 온종일 누워계시는 어머님도 안타깝지만 간이침대에서 간신히 몸을 뉘며 기를 쓰는 나도 결코 수월하지는 않은데 옆에서 그러시니 속도 상하고 서럽기까지 했다.

그러던 하루는 시험을 몇 시간 앞두고 심야 고속버스를 탔다. 자리에 앉자마자 책을 안 펼 수가 없었는데 옆자리 청년이 눈이 동그래지면서 쳐다봤다. 책이 그냥 책이 아니라 책 속에 형광색 덧칠이 돼 있어 더 놀라는 것 같았다. 글자 밑으로 줄을 하도 많이 쳐 종이가 반들반들 닳아 있었던 것이다. 읽고 또 읽어도 머리에 들어오지 않아 책장을 넘길 때마다 줄을 그었더니 그 줄을 보고 민망하리만큼 놀라는 것이다.

아이들도 아닌 아줌마가 이 밤에 저런 걸 들여다보나 싶은지 수시로 눈을 돌렸다. 그래도 책을 못 거두고 있는데 승객들은 잠을 청하려고 머리 위의 불부터 끄는 것이었다. 내 머리 위 불도 끄는 게 예의였지만 그럴 형편이 아니라 옆자리 청년께 미안한 마음은 늦은 나이에 공부를 하는 것 못지않게 힘들었다.

도로 위에서 깡그리 밤을 보내고 강남 터미널에 내릴 땐 정신이 몽롱하고 온몸이 늘어졌다. 그래도 지하철 안에서도 책을 놓을 수 없었고 갈아탄 버스에서도 꼭 쥐고 있었다.

도착한 집은 장시간 비운 내 자리가 할 말이 많은 듯 발길을 잡았지만 본체만체하고 얼굴만 씻고 시험장으로 갔다. 방송대 특성상 시험 보는 곳이 매번 다르니 버스를 타고 물어물어 찾아간 곳은 모 중학교였다. 얼마나 일찍 갔는지 교실에는 아직 수험생들은 오지 않고 감독관 선생님만 와 계셨다. 잠깐 앉아서도 책은 내 눈을 잡았고 빈자리가 다 채워지자 시험지가 배포됐다. 깨알 같은 글씨는 답을 찾으려면 되풀이해서 읽어야 하는데 몸이 노곤해지면서 손도 떨리고 눈은 말을 듣지 않았다.

정신을 차리려고 허리를 쭉 펼 때쯤에는 어디서 곡소리도 들리는 듯했다. '내가 왜 여기에 왔지, 여기 있을 때가 아니야! 어머님 약 드실 시간인데 왜 이러고 있지?' 분위기에 어울리지 않는 후회를 하면서 몸을 뒤틀었더니 감독관 선생님은 "저기 앞에서 세 번째 분" 하며 큰소리로 외쳤다. 내가 안절부절못하는 게 커닝을 하려는 것으로 비친 것이다. 억울한 경고였지만 아니라고 해명을 하는 시간도 아까워 꾹 참는데 곡소리는 끊이지 않고 귓전을 맴돌았다.

어머님 병실 옆에는 영안실이 있었다. 수시로 흰옷을 입은 사람들이 곡을 하였는데 그걸 맑은 유리문으로 훔쳐볼 때마다 쇠약해져 가는 어머님이 비쳐 눈물이 나곤 했었다. 무슨 영화를 보겠다고 그런 병실을 뛰쳐나와 이러고 있단 말인가. 마주친 시험지에 싸한 공기가 일면서 정교하던 글자마저 흩어지고 있었다. 건강하실 때 나만 보면 넉넉지 못한 살림 한다고 안쓰러워하셨는데 그런 어머님을 뒤로하고 욕심대로 해보겠다고 야밤에 먼 길을 달아나듯 왔으니 영안실의 곡소리가 따라온 것이었다. 아무리 머리를 젖히며 정신을 차리려 해도 그저 우렁우렁했다.

내 계산에 차질을 없애려면 이렇게라도 점수를 따야 입학 때 만난 사람들과 졸업도 같이 하고, 무엇보다 버거운 짐인 아이들 등록금에 내 등록금을 보태는 것만은 빼고 싶었다. 그 돈이 나를 옥죄어 올 때마다 놓치지 않고 학점을 따는 방법 외에는 아무것도 없었다. 그래서 온갖 어려움을 견뎌냈는데, 지독히도 선명하게 그어놓은 형광 줄도 곡소리 앞에서는 무용지물이었고 믿었던 몸도 따라주지 않았다. 고육지책으로 메운 OMR카드만 시간을 정확히 알아봐, 내려놓아야 했다.

살아생전 어디를 가도 점잖으시다는 말을 많이 듣던 아버님, 그때 나에게 호되게 야단을 치신 건 내가 아니고 책이었다고 나는 믿고 있다. 오랜 세월이 흘렀지만 잊히지 않고 떠오르는 건 내가 따낸 졸업장도 아니고 책마다 각종 색으로 그어져 있는 형광 줄도 아니다. 언제나 좋은 말씀으로 사랑을 주시던 어머님과 아버님이시다.

(2016. 4)

행복한 고민

저녁 찬거리를 뭘 할지 이것저것 궁리 중이다. 머리에 떠오르는 건 많지만 얼른 결단이 서질 않는다. 주방에 들어가 냉장고 안을 들여다본다. 바로 보이는 게 한두 가지가 아니다. 고구마 순도 삶아 놓은 게 있고 두부도 있다. 좀 깊숙이 보니 꾸덕꾸덕 말려놓은 조기도 한 마리 보이고 바로 옆에는 껍질을 하얗게 벗겨놓은 도라지도 있다.

모두 꺼내 요리를 하면 상이 그득할 것 같은데 왠지 한 가지만 손을 대고 싶다. "두부를 꺼내? 아니야, 고구마 순을." 고구마 순으로 결정짓고 나물을 볶을 수 있는 밑이 넓은 냄비를 꺼내려고 하니 나중에 닦을 게 번거롭게 와닿는다. "그래, 귀찮지." 요새 들어 큰 것은 무엇이든지 가까이하기가 싫다. 싱크대 안을 거의 차지할 냄비를 씻으려면 긴 고무장갑을 끼고 만져도 양 소매며 앞치마에 물이 튈 것이고 허리도 제법 오래 숙여야 한다.

"그래 조기를 굽자. 손질해 놓은 거라 굽기만 하면 되니 일을 할 필요는 없다." 제일 손이 안 갈 거라고 떠올린 조기도 걸림돌이 생긴다. 미세먼지가 이름 앞에 초미세먼지라는 '초' 자까지 붙이고 연일 뉴스에 오르내리는 이때, 하필 생선을. 누군가 현관문을 열면 코를 찌를 듯이 나는 냄새를 무슨 수로 감당하겠는가. 절대 환풍기만으로는 안 될 것이고 문을 열어도 한참은 열어야 할 텐데.

하는 수 없이 두부와 도라지를 저울질하다 도라지를 꺼냈다. 양푼에 도라지를 담고 소금을 살짝 뿌린 뒤 물을 약간 뿌려 박박 문지르니 제법 엷은 회색 물이 나왔다. 두어 번 헹궈낸 뒤 고추장, 식초, 마늘, 매실즙을 넣고 조물조물 주무른 다음 깨소금을 살살 뿌리니 먹음직스러워 보인다.

김장하는 날 휴가까지 내 달려온 아이들이 거들어준 배추김치도 썰고 잘 익은 총각김치와 동치미도 알맞은 그릇에 모양을 내 담는다. 구우면 파르스름하게 빛을 내는 김도 몇 장 굽고는 소리를 짤랑짤랑 냈던 압력솥 뚜껑을 연다. 쌀알이 크지도 작지도 않게 퍼져 입안에 들어가면 향기까지 풍길 것 같다.

밥을 그릇에 담아 상을 들고 방으로 간다. 덥석 상머리에 앉을 줄만 알았던 남편은 컴퓨터 앞에 앉아서 본 척도 않는다. 빨리 오라고 재촉을 해도 중요한 일이 있다며 꿈쩍도 하지 않다가 내 성화에 못 이겨 내려앉는다. 도라지무침에 얼른 젓가락이 갈 줄 알았는데 통 그런 기미가 없다. 접시를 앞으로 바싹 가져다 놓으니 힐끔 한번 보고는 입안이 헐었다나. 모처럼 깊은 생각까지 하며 차린 밥상 앞에서 들을 준비도 안 된 재미없는 말을 한다.

먹는 둥 마는 둥 상을 물리는데 문자 들어오는 소리가 난다. 친구 딸이 결혼한다는 청첩장이 들어온 것이다. 설거지를 마치고 옷장부터 연다. 바지와 치마가 동시에 눈에 들어온다. 먼저 치마를 잡는다. 앞치마 끈을 서둘러 풀고 치마를 걸쳐보는데, 얼마 전 다른 친구 딸 결혼식에 입고 간 게 떠오른다. 같은 친구들이라 다 똑같이 모일 텐데.

그날 그곳에서는 장난기가 많은 친구가 기념을 남기자고 해 나란히 서서 사진까지 찍었다. 그 순간 유난히 내 치마에 대해 입을 모았다. 윗도리와 맞는다느니 어디서 샀느냐느니, 하다못해 난감한 값까지 물을 정도로 인기를 끌었다. 그 친구들이 올 자리에 입고 가기는 좀 그랬다. 그래서 다른 치마를 만져보니 오래되어 너무 구식 같다.

안 되겠다 싶어 바지를 입을까 하니 바지는 위에 걸칠 게 마땅

치 않다. 그래도 긴 겉옷으로 감추면 되겠지 싶은데 식사를 할 때 문제가 될 것 같다. 예식장에서야 겉옷을 벗을 일이 없겠지만 식당에 들어가면 당연히 벗고 앉아야 하지 않은가. 요즘 식당이 들어서기만 하면 훈훈해 두꺼운 겉옷을 입고 앉아 있기는 볼썽사나울 것이다. 만나기만 하면 반가워서 어쩔 줄 모르는 사이들이라 밥도 안 먹고 후딱 빠져나올 수 없는 일이고 옷이 고민을 만들고 있다.

부조금만 인편으로 보내, 하다가 다시 장롱을 뒤진다. 영 없는 것은 아니다. 있긴 있지만 아이들 키울 때 입었던 옷이라 유행에 한참이나 뒤처져 있고 색상도 촌스럽다. 그 당시는 품위 있는 장소에만 입을 거라고 아끼고 또 아꼈는데 이렇게 주인까지 외면할 옷이 돼 버렸다.

친구들이 예쁘다고 한 치마는 딸이 아기 돌잔치에 오라며 한 벌 사준 것이다. 딸은 아무래도 신세대다 보니 옷 보는 안목이 나보다 높다. 내 나이에 맞는 옷을 사면서도 더 젊어 보이는 옷을 잘 고른다. 이 치마도 입고 나가기만 하면 보는 사람마다 어울린다는 말을 빼놓지 않아 행사장이나 잔칫집 같은 데만 입고 다녔다. 엉뚱한 고민이 생길 거라곤 예상 못 했다.

"누가 나만 쳐다본대?"

하고 다시 친구들이 예쁘다고 말한 치마로 결정지었다. 옷이고 음식이고 우리가 이만큼이라도 살 만하니 여유로운 마음으로 행복한 고민을 하지 않을까.

(2018. 2)

영원한 선물

우편함에 편지 한 통이 들어있었다. 얼핏 보이는 글자가 어느 초등학교다. ‘누구지?’ 하고 기억을 더듬으니 지난번 편지 쓰기 수업을 하러 간 그 학교 같다. 한 아이가 내 주소를 묻더니 보낸 모양이다. 엘리베이터를 타고 올라오는데 편지를 든 손에 바람이 일 정도로 기분이 좋았다. 편지 쓰기 강사 일을 한 지도 꽤 오래되었다. 즐거운 일도 많았지만 어려운 일도 적지는 않았다. 준비를 단단히 해갔는데 정작 편지를 쓸 아이들은 우표도 없이 앉아 있으면, 이 일을 왜 하는지 싶을 때도 많다. 그러나 보람을 느낄 때가 더 많다.

급속도로 발전하는 사회, 무엇이든 편하고 빠르다. 그로 인해 우리 정서가 메말라 가는 건 누구나 알고 있지만 뾰족한 대책이 없는 것 또한 현실이다. 그런 현실에 조금이라도 도움이 되고자 소속해 있는 사단법인 한국편지가족에서는 편지 쓰기 강좌를 하고 있다. 신청이 들어오면 꼼꼼히 준비하고 이동식 기기에 수업할 자료를 넣어, 읽고 고치고 날짜가 임박할 때까지 공부를 한다. 이름 있는 공원에 색다른 식물이 있어도 휴대전화기에 담는가 하면 일간지에서 꼭 알아야 할 기사가 있으면 자료 노트에 옮겨 담는다. 글쓰기에 취미가 없는 아이들에게는 잠깐이라도 화면에 띄워놓고 보여주며 멀어져 있는 마음을 모아주기도 하니 갖은 노력을 아끼지 않는다.

남산 가까이에 있는 초등학교에 가는 날이었다. 비가 많이 내렸다. 우산을 써도 옷이 젖어 낯선 교실에 들어갈 차림은 아니었지만 정해진 일이라 돌아올 수도 없었다. 교실에 들어서니 3학년 1반 아이들도 나처럼 옷이 젖어 공부할 분위기는 아니었다. 이미 칠판에는 '가정의 달 5월 가족에게 편지 쓰기' 가 쓰여 있었지만 아이들은 무엇을 할 건지 안중에도 없는 것 같았다.

꿉꿉한 손으로 컴퓨터를 켜고 자료를 띄웠다. 띄워 놓은 글을 하나하나 짚어주며 봉투에 주소 쓰는 법과 편지를 쓸 때 주의할 점, 처음부터 끝까지 상세하게 일러줬다. 이론을 끝내고 쓰기로 들어갈 때다. 생각 외로 반응이 좋았다.

편지지를 잡는 아이들이 고마운데 유독 몇 명의 아이는 눈만

말똥말똥거렸다. 살며시 다가가 왜 쳐다만 보느냐고 하니, 할 말도 없고 쓸 줄도 모른다는 것이다. 여태 앞에서 일러 줬는데, 그러니 기가 찼다. 나는 다시 아이들을 집중시켰고 꼭 쓸 게 안 떠오르면, 아침에 학교에 오면서 있었던 일도 내용이 될 수 있다고. 집에 있는 가족은 오는 도중에 있었던 일은 모를 테니 얘깃거리가 된다고.

다시 쓰기에 들어갔고 목을 빼고 앉아만 있던 아이들도 연필을 잡았다. 스무 명이 넘는 글 쓰는 소리는 누에가 뽕잎을 먹듯 사각사각 났고 심사할 시간이 돌아왔다. 두 시간 수업은 이론에서 시상까지 포함돼 있어서다. 한 장 한 장 읽고 있는데 한 아이의 글에서 눈이 멈추었다. 삐뚤삐뚤 재밌다.

"엄마, 나 옷이 빗물이야. 동생도 빗물이고."라고 시작해 쓴 글은 비바람이 불어 동생 우산이 뒤집혀 고장이 났고 그래서 동생이랑 우산을 같이 썼는데 비가 동생 쪽으로 덮치면 형이 동생 쪽으로 우산을 밀고, 비가 형 쪽으로 덮치면 동생이 형 쪽으로 우산을 밀어줬다는 것이다. 코끝이 찡했다. 그래도 옷은 다 젖었다고 하면서 끝에는 "이제 동생이랑 싸우지 않을게요." 편지는 금방 교실에서 화제가 됐고 잠시 자리를 비운 담임 선생님도 내용이 좋다고 나를 향해 '역시 편지 선생님' 이라며 엄지를 보여주셨다. 시상을 하면서 보니 아까 안 쓰겠다고 버틴 아이 중 한 명이었다.

중학교 3학년 교실에서는 이런 일도 있었다. 덩치가 제일 커 보이는 남자아이는 편지를 쓰면서 눈가가 촉촉이 젖어 들었다. 무슨 일인가 싶어 가까이 다가가니 나를 보자 '응응' 하며 훌쩍였다. 슬쩍 보니 엄마께 쓰고 있었다. 세탁소를 운영하던 아빠가 갑자기 세상을 뜨고 일이 서툰 엄마가 그 일을 하고 있는데 정작 큰아들인 본인은 돕기는커녕 속만 썩였다는 거였다. 휴지를 쥐여 주며 앞으로 잘하면 된다고 다독여 주었는데, 그 편지가 엄마와의 사이를 좁혔으리라 믿고 있다.

또 집에서 가까운 초등학교에서다. 제목이 '아래층 주인께' 였다. 제목이 말해주듯 내용도 울림이 컸다. 동생이 두 명인 3학년 아이는 세 살짜리 동생이 날마다 거실에서 뛴다는 것이다. 말리려고 다섯 살짜리 동생이 잡으러 가는데 잡으러 가는 동생도 살살 가지 않고 뛰어가 온 가족이 미안해한다는 내용이었다. 층간소음으로 사회가 떠들썩하던 때라 그 편지도 큰 박수를 받았다.

편지는 말로써 못 하는 말도 대신한다. 오늘 내게 편지를 보낸 아이의 옆 반에서는 이런 일도 있었다. 금요일에 선생님이 귀 수술을 받는다는 소문이 났고 선생님의 빈자리를 지켜본 여자아이는 수업시간 내내 가슴을 졸였단다. 토요일, 일요일 종일 선생님 생각만 하다가 월요일 일찍 등교를 해 4층 계단을 숨 가쁘게 오르면서 '수술이 잘못됐으면 어떡하지….' 하고 고민을 했단다. 그런데 교실 문을 여니 선생님이 와 계셔 눈물이 핑 돌았다는 얘기. 숫기가 없어 말은 못 했다는 솔직한 고백까지. 그 편지는 앞에서 낭독도 했는데 선생님은 눈시울을 적시며 아이를 살포시 안아 주셨다.

어린이날, 어버이날을 앞두고 가는 곳마다 온통 선물 얘기다. 값나가는 선물꾸러미도 좋지만 파릇파릇한 새순을 보며 편지 한 장 쓰는 것은 어떨까. 손으로 편지를 쓰면 느리고 뒤처진 것 같기도 하지만 상대방의 마음을 움직일 수 있는 건 이만한 도구가 없다. 우편함에 들어 있는, 키가 나보다 컸던 남자아이의 편지도 뛰어난 문구는 없었지만 지우개 가루가 묻어있는 글 한 자 한 자에 정성이 배어 있어 어떤 선물보다 고귀하다. 세월이 흐르면 한 번 본 그 아이 모습은 사라지겠지만 내 품으로 들어온 편지는 영원히 남을 것이다.

(2020. 5)

교묘한 수단

지하철을 탔다. 종착역이 가까워져 오는 지점이라 열차 안에는 사람들이 많지 않았다. 그러니 자연스레 양쪽에 앉아 있는 사람들이 한눈에 들어왔다. 그런데 언제부터 그러고 있었는지 거무스레한 옷을 입은 사람이 열차 바닥에 엎드려 있었다. 자세히 보니 20대로 보이는 청년이었다.

머리맡에는 작은 바구니가 놓여 있고 그 안에는 천 원짜리 지폐 몇 장이 들어 있었다. 전철 안에서 가끔 걸인을 보긴 했어도 바닥에 일자로 엎드려 있는 모습은 처음 봐 자꾸 눈이 갔다.

청년은 배밀이를 하는 아기처럼 아주 느리게 배를 밀며 앞으로 조금씩 나가는데 양쪽으로 앉은 사람들이 다 그 광경을 유심히 보고 있었다. 그러다 내가 앉은 위치까지 올 즈음, 바로 내 옆에 앉았던 할머니가 지갑을 뒤지더니 천 원짜리 한 장을 슬쩍 던졌다.

할머니가 중심을 잘못 잡아서인지 지폐는 바구니 밖으로 떨어졌다. 청년은 얼굴을 들지도 않았는데 어떻게 알았는지 손을 냉큼 머리 위로 올려 지폐를 더듬어 바구니에 담았다. 바라보고 있던 사람들은 의아해하며 서로를 쳐다보았다. 안쓰럽기도 했지만, 한편으로는 청년의 빠른 행동에 피식 웃음이 나왔다. 돈을 준 할머니는 일행으로 보이는 옆 할머니와 안됐다는 듯이 말을 주고받았다.

그러는 순간 다음 역에 닿자 차내 방송에서는 역 이름이 나왔고 열차는 멈췄다. 서너 사람이 내리고 더 내릴 사람이 없어질 때쯤 후다닥 소리와 함께 청년은 벌떡 일어나 돈 바구니를 들고 잽싸게 내렸다. 사람들은 "어머!" 하며 쫓던 강도를 놓친 것처럼 비명을 지르는데 청년은 얼마나 빨리 달아나는지 시야에서 금방 사라졌다.

사람들은 아직도 창문 밖으로 시선을 보내고 있는데 문이 닫히고 열차는 아무 일 없었다는 듯이 슬슬 움직였다. 다들 놀란 눈으로 서로를 바라만 보는데 지폐를 던져준 할머니가 중얼중얼하시면서 "괘씸한 녀석, 우리 손자 또래여서 기가 찼는데…." 하곤 혀를 쯧쯧 차셨다. 반대편의 남자도 옆 사람과 청년의 행동에 대해 얘기를 나누고 있었다.

환한 대낮에 그것도 이른 오전 시간에 지하철 안에서 그가 한 행동으로 애꿎은 세상까지 원망하기에 이르렀다. 몇몇 분은 "세상이 이래서야 원…" 하며 고개를 저었고 이제 막 말을 배울 것 같은 아이는 "형아 돈 가지고 갔다. 그치?" 하고, 제 엄마에게 또박또박 말을 했다. 열차가 다음 역에 도착할 때까지도 사람들의 표정은 바뀌지 않았다. 꼭 내가 오래전 옷가게에서 당했을 때의 그 표정 같았다.

어느 해 나는 가까운 시장에 옷을 사러 갔었다. 발이 닿은 옷가게에는 손님이 나와 나보다 한참 어린 젊은 주부, 단 두 사람뿐이었다. 수더분해 보이는 주부는 이것저것 고르면서 나에게 옷을 좀 봐 달랬다. 그 옷이 자기에게 어울리는지 안 어울리는지를 봐 달라는 것이었다. 나는 물건 볼 줄 안다는 소리를 듣는 편이라 선뜻 대답을 했고 주부는 몇 개의 윗도리를 입어 보며 어떠냐고 물었다.

느낌을 말해 주었더니 그는 치마도 사고 싶다면서 값이 있어 보이는 치마를 가져와 거울 앞에서 허리에 대보고 길이도 맞춰 보고 하며 시간을 끌었다. 그런 후 바싹 다가와서는 내 옷도 봐줄 테니 입어보라고 재촉을 하는 것이었다. '안 봐줘도 되는데' 싶다가 아무래도 나보다 젊은 사람이 보는 눈이 낫겠지 싶어, 나도 그 주부 앞에서 옷을 입어보았다. 어찌나 꼼꼼하게 살펴봐 주는지, 잠깐이라도 믿음이 갔다. 쉽게 남의 말에 동요를 안 하는 나였지만 그의 말은 진심으로 들렸고 그와 내가 생각이 일치하는 옷을 골라 바구니에 담았다.

내가 옷을 들고 계산대로 갈 때 그는 화장실에 다녀오겠다며 밖으로 나갔다. 계산을 하려고 가방을 열었는데 지갑이 보이지 않았다. 이곳저곳 뒤져 보았지만 허사였다. 별안간 화장실에 간 그가 머리를 스쳤다. 설마 하면서 고개를 저으며 다시 찾아보았지만 지갑은 없었다. 그때서야 밖으로 나가 보았지만 그는 어느 무리 속에도 들어 있지 않았다.

도깨비한테 홀린 것같이 서 있는 나에게 옷가게 주인은 어서 화장실로 가보라고 했다. 혹시 돈은 가져가도 지갑은 던져 놓고 갔을지도 모른다는 것이다. 주인 말처럼 그렇게라도 되기를 간곡히 바랐지만, 그것은 나만의 생각이었지 화장실에는 아무것도 없었다. 수많은 새 옷이 주인을 기다리는 그 틈에서 발버둥을 쳤지만 지나간 사고는 되돌릴 수가 없었다.

한동안 그가 머릿속에서 지워지지 않아 애를 먹었던 나. 어디 돈뿐이었던가. 그 안에 있었던 귀중한 것들, 하나하나 채워

넣을 적마다 마음속으로 끓어오르는 분노를 가라앉히려고 애를 먹었다.

멀쩡한 대낮에 지하철 안에서 교묘한 수단으로 다른 사람의 동정심을 유발하는 청년이나 도와주는 척하면서 바로 앞에 있는 사람을 감쪽같이 속인 그 주부나 다를 게 없다. 어렵고 힘들더라도 바르게 살면서 서로를 믿고 사는 그런 세상이기를.

(2015. 9)

큰 이불

창문을 여니 사방이 하얗다. 간밤에 소리도 없이 눈이 내렸나 보다. 누런 잔디도 온데간데없고 보도블록 길도 보이지 않는다. 건물 사이로 보이는 소나무는 흰 목련꽃처럼 모습이 변했고 도로변에 주차해 놓은 자동차도 눈을 한 짐씩 지고 있다. 말 그대로 하얀 아침이다. 파묻힌 생명체는 긴 시간은 아니지만 고단한 일상은 잊어도 되지 않을까 싶다.

삶이란 참 자질구레하다. 힘들고 쫓기고 때론 예상치 못한 장애가 발생하고 누군가에 의해 멸시당하고 어떨 땐 외롭고 그렇다 할 사항은 무수히 많다. 그러나 저 눈을 보니 편안해진다. 눈을 조금만 크게 떠도 차들이 엉금엉금 기어 불편해 보이지만 잠깐이라도 저 순백에 묻혀 보련다.

이런 마음을 읽기라도 했을까. 전화벨이 울려 받아보니 손위 시누이다. "올케야, 길이 엄청 미끄럽다. 나갈 때 조심해라. 신발도 운동화 신고 목도리 하고 장갑도 꼭 끼어라." 초등학생도 아닌 나를 애들처럼 단속을 하니 좀 지나치다 싶지만 챙겨 주시는 데 의미를 부여하니 나쁘진 않다. 벌써 도로 사정까지 아시는 걸 보니 새벽기도를 다녀오신 모양이다. 교회에 같이 나가자고 할 때 싫다고 한 나를 한 번쯤은 미워할 만도 한데 늘 한결같으신 형님. 형님을 시댁 어른들은 공 서방네로 부른다. 남편 성이 공 씨여서 결혼 후 붙여진 명칭이랬는데 이젠 내 입에도 익어 있다.

내가 결혼을 하고 모든 게 낯설어 얼른 정을 못 붙일 때다. 갓 서른을 넘긴 공 서방네 형님은 남달리 피부도 곱고 이목구비가 또렷해 스치기만 해도 아름다움이 묻어났다. 거기에다 목소리 또한 다정하고 온화해, 오시기만 하면 집안에 평화가 도는 것 같았다.

그러니 자연히 따를 수밖에 없었고 두 아이를 데리고 오시는 날은 나도 친정에 가 있는 기분이었다. 부엌에서 새색시가 해야 할 일을 척척 해 주셨고 까다로운 아버님 입맛도 형님 손만 거치면 한순간에 해결이 돼, 말만 하면 나를 감싸주던 큰언니가 와 있나 싶은 착각도 들었다.

그러던 어느 날이다. 시어머님이 "밤남두에 갔다 올게." 하며 집을 나가셨다. 나는 그 밤남두가 어딘지 아직은 감을 못 잡던 무렵이었다. 어딜까, 어딜까 하며 궁금해하는데 형님이 오셨다. 내 표정을 읽은 형님은 밤남두는 마을 어귀 커다란 밤나무가 있는 곳이라고 손으로 동서남북을 가르면서 알려주셨다. 듣고 보니 나무가 크고 그늘이 두터워 사람들이 모이는 장소였다. 어머님께 퍼뜩 물어봐도 될 일이었지만 시집온 지 얼마 안 되는 새색시가 말이 많으면 입이 싸다고 할까 봐 모든 게 조심스러워 참는 시기였으니 고마움은 이루 말할 수 없었다.

그러니 궁금한 게 있으면 늘 형님이 오시기를 기다리는 게 일과처럼 되었고 마을 앞 어린아이를 앞세운 여인이 보이면 형님인가 하고 고개를 내밀었다. 이웃분들이 하신 말씀도 다시 살을 붙여 이해가 빠르게 설명해 주셨던 형님. 철없는 올케가 실수라도 할라치면 어김없이 당신이 한 것처럼 덮어버려 난감해할 것도 거뜬히 넘어간 그 날들을 나는 잊지 못한다.

아직도 기억에 또렷이 남아 있는 건 살림을 차리고 손님을 치른 날이다. 며칠 전부터 음식 장만하느라 정신없이 바빴다. 그런데 막상 손님들은 정성을 들인 음식에 빨간 김치보다 덜 손을 댔다. 김치는 금세 바닥이 나고 이 방 저 방에서 더 가져오라고 아우성이라, 썰어 놓은 건 턱도 없이 모자랐다. 접시가 바닥이 날 때마다 새 안주인 솜씨가 좋다는 농담과 칭찬이 이어지는데 나는 미처 대답할 새가 없었다.

사실 김치는 형님이 가져오신 거였다. 지난해 담은 김장김치를 봄에 꺼낸 것이었는데 맛은 제철 같았다. 김치냉장고에 들어간 것도 아니었지만 아삭아삭한 게 간도 맞고 감칠맛도 특이해 젓가락이 안 갈 수가 없었다. 우리 김치가 아니라고 하기엔 너무 늦어 그저 미소만 지었던 나. 바로 옆에 형님이 계셨지만 "우리 김치예요"라는 말은 입 밖에도 내지 않고 끝까지 정겨운 분위기를 살리며 사람들의 시선을 나에게 모아 주셨다.

한참 후 들리는 소문 또한 놀라지 않을 수 없었다. 그날 다녀가신 손님 한 분이 형님을 만나는 자리에서 먹었던 김치 맛을 또 한 번 들먹이자 그때도 조금도 티를 내지 않았다는 것이다. 언제나 남의 허물은 덮여주고 자신의 공을 남에게 돌려주며 주변을 아우르는 형님. 잠자리에 들며 따뜻한 온기를 주는 큰 이불 같은 분이시다. 쌓인 눈이 녹기 전에 이번엔 내가 공 서방네 형님께 전화를 걸어봐야겠다.

(2019. 2)

그날

어버이날이다. 아침부터 전화벨이 요란스럽다. 지난 주말 행사를 치렀다고 잊고 있었는데 전화가 왔다. 행사래야 가족이 집에서 밥 한 끼 먹은 것이지만 코로나19로 인해 못 만나는 시간이 길어져서인지 마스크를 쓰고도 즐거웠다. 설에 만나고 처음이라 아이들은 키가 제법 커 있었고 발음도 는 것 같았다. 아무리 못쓸 전염병이 돌고 사회적 거리 두기를 해도 이 세상에 있으면 방법을 만들어 만나기도 하고 연락도 되는데 사랑하는 사람을 먼 곳으로 보내고 못 만나는 가족은 어떨까.

"어머니, 어버이날 축하해요." "그래." 하며 웃음으로 답은 했으나 조금 전 세수를 하고 경대 위에서 본 작은 주머니가 마음에 걸려 그리 즐겁지만은 않았다. 수화기를 놓고 다시 그 앞에 섰다. 주머니에 든 노리끼리한 금붙이는 진짜 금이 아니지만 그 위로 그들의 모습이 스친다. 오늘 같은 날은 각자의 자리에서 가족과 즐거움을 나누어야 하는데 마음이 아프다.

천안함 사건. 처음 뉴스를 접할 때는 그저 그런 뉴스일 것으로 여겼다. 듣다 보니 그게 아니었고 아들 또래인 그들의 분향소가 집에서 가까운 곳인지라 앉아서 들을 수만은 없었다. 우리가 움직인다고 일어난 일이 없던 일로 되진 않겠지만 좀 더 가까이에 다가서고 싶은 것이다. 서울 광장 합동분향소. 버스에서 내리니 긴 행렬은 검은 물결로 덮여 있었다. 저 많은 사람들도 우리와 같은 심정으로 왔을 것이다. 한참을 걸어 맨 뒤에 섰고 묵묵히 기다렸다. 누구도 말을 하거나 자세를 흐트러뜨리는 사람은 없었다. 하나같이 표정은 굳어 있었고 누가 자리를 바꿔 서자고 하면 퍼뜩 양보할 것 같은 낯빛들이었다. 어이없는 죽음 앞에서 우리들이 할 수 있는 건 그렇게라도 해야, 서로를 위로하며 그 자리에 서 있을 것 같았다.

한 걸음 한 걸음 발을 옮긴 지 적지 않은 시간이 흐른 뒤 우리 차례가 돌아왔다. 밝고 맑은 46명의 영정들. 온들 알겠어, 간들 알겠어. 산 자들의 의식이고 예의지만 그래도 한 줄로 쭉 선 사람들은 엄숙하게 고개를 숙였다. 어느 목숨이 더 아깝다고 할 순 없지만 눈이 마주친 바로 앞 용사의 맑은 눈빛은 너무 앳되고 어려

군인이라곤 믿기지 않았다. 금방 말을 걸며 일어설 것 같고 손을 내밀며 다가올 것 같았다. 잘생긴 얼굴, 선한 인상. 나를 아프게 하지 않는 건 아무것도 없었다. 몸 한번 스친 일이 없는 나도 이런데 유가족의 마음은 어떨까. 텔레비전에서 본 어느 가족이 가누지 못한 몸을 옆 사람이 부축하는 장면이 함께 떠올라 경직된 몸은 더 굳어갔다. 다음 조문객이 없다면 그냥 서 있고 싶었지만 물러서야 하는 게 도리고 바름이었다. 슬픈 건 하늘도 마찬가지였다. 빗방울이 떨어지다 흐려져 있었는데 짙은 잿빛으로 변하고 온도마저 내려가 봄옷은 생기를 잃었다.

옆으로는 안타까움을 삭이지 못해 남긴 메시지가 바람에 위태롭게 휘날리고 희생자들의 사진과 짧았던 이력도 보였다. 46명의 명복을 담아낸 글 속에는 고마웠다고, 수고했다고, 미안하다고 간곡히 전해지길 비는 말들이었다. '꿈이라면, 꿈이라면…' 했지만 현실이 꿈으로 일어나는 기적은 없었고 그래도 하는 생각에 옮기던 발길을 다시 멈추기도 해 봤다.

버스 정류장. 버스는 정직하리만치 제자리에 섰다. 집으로 오려면 발만 올리면 될 것 같았다. 그런데 선뜻 그 자리를 뜨고 싶지 않아 주변이라도 배회하고 싶었다. 오가는 사람들, 지나가는 자동차, 말이 없는 가로수 모두가 하루를 지켜내는 일상들이었지만 흰 국화꽃이 줄을 지은 그곳만 멈춘 시간이었다. 이어지는 걸음. 걷다 보니 간판들은 호화찬란하고 가게가 즐비하다. 퍼뜩 뭔가 떠올랐다. 이 버거운 시간에 대해 작은 표라도 남기고 싶은 것이다. 마음이 통했는지 남편도 고개를 끄덕였고 들어선 금방 진열장에 놓인 금붙이들은 우리를 불렀다.

예전에 내 것으로 있었던 것들도 더러 눈에 띄었다. 결혼할 때 시부모님께서 패물이라며 해 주신 금반지와 목걸이, 살면서 특별한 일이 생기면 기념으로 남기려고 보석처럼 묻어둔 얇은 실반지. 무게로 달면 많은 양은 아니었지만 숫자는 흐른 세월만큼 적지도 않았다. 몸에 주렁주렁 달고 다니진 않아도 가끔 꺼내 보며 재미있어했는데 '금 모으기' 운동이 벌어질 때 참여하느라 주머니만 남겨놓고 몽땅 내놔 버렸다. 바로 주머니를 채울 거라고 다짐했지만 한번 떠난 패물은 돌아올 줄은 몰랐다. 그 후론 패물은 이름도 잊혔고 기념일도 수첩에서 글자만 외로이 있었다.

갑자기 떠오른 건, 무슨 점이라도 하나 찍어놔야 저 젊은 영혼을 한 번이라도 더 기억할 것 같아서다. 줄이 가느다란 14k 목걸이 앞에서 서성였다. 주인은 구색을 갖추는 게 좋다며 용도가 다른 쪽으로도 유인하려 들었다. 계획 없이 들어선 일이기도 하고 오직 잊지 않기 위함이니 구색 같은 건 필요 없었다. 옆에 옷가게도 있었지만 유행이 지나면 귀하게 여기지도 않을 거고 금붙이래야 오래 간직하게 될 것 같아 점찍은 것이다. 목에 걸어보니 예쁘다. 2010년 4월 26일은 눈으로 그려 넣었다.

세월은 흘렀고 올해도 텔레비전 뉴스에서 그날이 나왔다. 나오지 않아도 한 번씩 꺼내 본다. 노리끼리한 그 위에 잠깐 마주한 그들이 보인다. 내 모습은 변해왔지만 내 마음에 그날과 그들은 변하지 않았다. 끝도 없이 놓여있던 영정사진, 굳은 표정의 사람들, 국화꽃 한 송이, 차례를 기다리던 긴 줄이 오롯이 보인다. 감당하기 힘든 일이 있거나 자존심을 구길 대로 구긴 날 꺼내 보면 위로가 된다. 그들 앞에서 무슨 어려움이 있겠는가. 점 하나 찍어주길 잘했다. 그날이 보이니까.

(2020. 5)

도시와 자연

산책로를 걷다 보면 풀 한 포기도 예사로 안 보일 때가 있다. 파란 잎 사이로 꽃대를 올리고, 꽃대가 성숙해지면 몽우리가 나고, 몽우리는 시간을 익혀 꽃잎이 나온다. 어떤 환희도 비길 데가 없다. 여러 날을 두고 이어지는 이 움직임은 세상을 지배하는 사람이 무슨 재주로 따라가리. 계절이 되면 사람 곁에 왔다가 떠나는 자연의 이치리라. 이런 일을 서울 한복판에서 한눈에 보며 느낀 지 오래라면 고개를 갸우뚱할 것이다.

새소리, 물소리, 아이들 소리를 듣고 있노라면 이곳이 도심 속이 맞는지 혼란스럽다. 청계천 하면 사람들은 물이 흐르는 시작점, '광화문 청계광장'을 생각한다. 그러나 시간을 조금만 더 투자하면 물이 닿는 한강까지 다 볼거리다. 물길을 따라 내려가면 신답철교가 나오고 조금만 더 가면 생태학교가 있다. 이 학교에서 나는 아이들이 오면 주변 자연을 설명해 주면서 같이 논다. 하루에도 수많은 아이가 다녀가지만 아직도 모르는 아이가 있다고 하면 안타깝다.

우리나라 강은 주로 동쪽에서 서쪽으로 흐른다. 그렇지만 청계천은 정반대다. 물 흐름도 이색적이지만 물이 빌딩 숲 사이로 흐르니 멋지고 아름답다. 물론 임의로 흘려보내긴 해도 물길은 옛날부터 나 있었다.

어제는 아이들과 징검다리를 건너려는데 머리 위에서 민물가마우지가 푸드덕하더니 물속으로 들어갔다. 없어진 가마우지가 궁금해 아이들의 눈은 말똥말똥해졌고 "어어" 하다 멍해졌는데, 한참 후 가마우지는 저쪽에서 쑥 나왔다. "야~" 하고 함성을 지르자. 가마우지도 놀랐는지 횃대에 앉았다. 날갯죽지를 멍석같이 펴면서는 보란 듯 기세가 당당하다. 그냥 넘어갈 리 없는 아이들이 다투어 질문을 쏟아낸다. "선생님, 무슨 새예요? 왜 물속으로 들어가요? 잠수도 하나 봐요." 궁금한 게 한둘이 아니다. "민물가마우지인데 잠수성이라 저런단다." 대답이 끝나기도 전에 마주들 보고 난리다. 그러는 새, 왜가리가 날아왔고 아이들은 긴 다리를 지닌 왜가리도 잠수성이냐고 묻는다. "먹이를 찾아 물에 들어가긴 해도 수면성이라 잠수는 하지 않지." 하자 이때도 순진한 눈빛엔 호기심이 고이는데 이번엔 쇠백로가 훨훨 난다. 어느 것 하나 놓치지 않고 앞장서서 보고 싶어 하는 아이들.

운이 좋은 날은 왜가리가 물고기를 잡는 광경도 볼 수 있다. 우뚝 솟은 돌기둥에 서서 갸웃갸웃하다 물고기가 지나가면 번개같이 주둥이를 처박아 낚아채는데, 이때는 산책하는 사람들도 발을 멈춘다. 주둥이로 어떻게 물고기를 잡느냐고 물어볼 기색이다. 답하랴, 뒤처진 아이 챙기랴 숨 돌릴 새가 없지만 아이들 웃음은 연신 이어진다.

도시와 시골이 어우러진 청계천. 복원된 후 늘어난 자연의 개체 수는 헤아리기 어려울 정도다. 어데 그뿐이랴, 봄이면 찔레 향기가 향긋하고 여름이면 푸른 숲이 우거지고, 가을이면 곱게 물든 단풍 사이로 빨간 감이 나뭇가지가 찢어질 듯 달리고, 겨울에는 바싹 마른 나뭇잎이 곤충들의 겨울나기를 도와주는 곳.

생태학교에는 물고기 탐험대 프로그램이 있다. 여기서는 물고기 관찰이 주목적이다. 고사리 같은 손으로 어포기를 만들어 물에 띄우고 고기가 그 속에 들어가면 관찰하는데, 이때도 아이들은 신기해 어쩔 줄 모른다. 피라미, 돌고기, 붕어, 잉어, 갈겨니, 미꾸라지, 등 물이 좋은 곳에만 산다는 버들치도 있다. 관찰은 주로 지느러미의 역할, 개수, 아가미, 입의 생김, 비늘 모양, 수염이 있나 없나 등, 살필 것은 무한정이다. 끝나면 다시 물속으로 돌려 보내 주는 것까지 모두 아이들 몫이다 보니, 생명의 소중함은 물론이고 비늘 하나도 다치게 하지 않으려고 온 심혈을 기울인다. 배운 고기 이름을 너도나도 불러보는 재미는 연방 물이 흐르는 생태학교가 아니고서는 어찌 해 볼 수 있으랴.

강아지풀이 왕성한 시기에도 공부거리는 많다. 강아지풀은 꽃대가 강아지 꼬리처럼 생겨 자연물 만들기 재료로도 쓰이는데, 만들기 전에 도와주는 선생님들은 아이들에게 하는 질문이 있다. 꽃대가 고개를 숙인 것과, 꼿꼿한 것의 차이점을 묻는 것이다. 원리는 충분히 알고 있지만 낯선 곳에서는 얼른 답이 안 나온다. 씨앗이 여물면서 무거워 고개를 숙인다고 말을 해주면 쉬운데 말이 안 나왔다고 입을 히죽인다. 작은 관찰에서 큰 교훈을 얻는 순간이다.

만들기가 완성되면 엄마께 선물하겠다는 아이, 인솔해 온 선생님 생일날 주겠다는 아이, 사촌 동생에게 주겠다는 아이, 오직 자연에서 얻은 것으로 만들었지만 생각이 각기 다른 이 한마디에 가슴이 뭉클해진다.

대부분 사람들은 학교라고 하면 번듯한 건물을 떠올릴 테다.

그러나 청계천 생태학교는 건물보다 풀, 나무, 곤충, 창공을 나는 새, 물고기 등이 푸르름을 더하며 학교를 빛내고 있다. 그 속에 온 아이들도 딱딱한 의자가 아닌 포근한 땅 위에서 서로의 모습을 보여주며 마음껏 즐기니, 같은 자연이다. 도시 속에서 새순 나고 열매 맺는 일을 한눈에 볼 수 있는 생태학교, 오늘도 재잘대는 아이들 소리가 물을 따라 흐른다.

(2017. 10)

어머니의 노래

어머니의 노래

추위가 한창일 때 우리 집에 귀한 손님이 오셨다. 손님은 예전에는 안 하던 말씀을 하시며 낯설어하지도 않으셨다. 밥을 먹을 시간도 아닌데 먹자고 하는가 하면 아이들한테도 존댓말로 다가서셨다. 사리가 누구보다도 밝고 점잖은 분이었는데 말도 안 되는 소리로 분위기를 흐려 놓기도 하고 때론 웃을 일도 아닌데 웃곤 하셨다. 그러지 말라면 그 여자는 "안 그러는데" 하며 서운함을 내비쳤다. 앞뒤도 안 맞는 말을 수시로 하시니 그 여자는 그냥 나오는 소리라고 들어 넘겼다.

나는 손님을 모시고 올 때만 해도 엄청나게 잘해드리리라 마음먹었다. 그러나 한 이불을 덮고 자면서 마음이 돌연 변해 버렸다. "제발 잠 좀 자, 이 밤에 뭘 먹어, 노래를 또 불러" 하며 목소리에 힘이 배였고 손님은 입엣말로 "그 여자, 그 여자" 하며 말꼬리를 흐리셨다. 공동주택 특성상 떠들어도 안 되지만 밤이면 작은 소리도 조심을 해야 하는데 밤낮을 모르는 손님 앞에서 내 목소리는 점점 높아져만 갔다. 환자라는 사실은 내 집에 오시기 전에만 생각한 것이었다.

손님은 어머니이시다. 어머니는 정신이 온전할 때 늘 그러셨다. 제발 자는 잠에 갔으면 좋겠다고. 그러나 신은 어머니 말을 들어주지 않았고, 세월 이기는 장사 없다고 날로 허약해지시더니 어느 날부터는 온전히 환자 속에 들어가 버리셨다.

오래전, 아버지가 돌아가셨을 때다. 그 당시 형편은 누구나 어려웠듯이 우리 집도 예외는 아니었으니 어머니는 푸념 따윈 사치였다. 꼭두새벽이면 일어나 논으로, 밭으로 다니며 열어지는 어둠을 몸으로 받으면서 한 알이라도 더 거두려고 기를 쓰며 치맛자락에 이슬까지 거둬 오셨다.

그 와중에도 세월은 흘렀고 큰일을 치를 때다. 행여 당신 뜻이 자식들에게 잘못 전달될까 봐 노심초사하시며 뜻에 맞지 않는 의견도 "그래…" 하며 따라주셨다. 때론 형이 동생을, 아니면 동생이 형한테 눈을 부릅뜨고 대들기라도 할까 봐 아래위로 다독이며 긴장하신 어머니.

우리 집에 오시고 겨울 해가 유난히 맑은 날 막냇동생이 왔다.

어머니는 누구냐고 하셨다. 이름만 들먹여도 막내아들이라면 눈시울이 젖던 분이 기억에서 막내를 지워놓고 계셨다. 당신이 안갯속에 서 계신 것처럼 쳐다보셨다. 귀에다 대고 "막내, 오야" 하고 큰소리로 외치자, 그때서야 설움이 북받쳐 양 볼을 한꺼번에 들썩이며 막내 품에 안기셨다. 이제나저제나 오지도 않을 막내를 밭고랑에서 지는 해를 보고도 기다리던 모습은 지난날 우리들 추억에나 있었다.

하루는 오빠를 찾았다. 오빠 집이 아니라고 하자 오빠 이름 "병하, 병하" 하다 "그 여자"가 툭 튀어나왔다. 그때야 '그 여자'가 오빠 부인인 올케언니라는 걸 알 수 있었다. 어머니 말마따나 그 여자는 참 착했다. 그러니 정의롭기가 유별났던 어머닌 정신이 가물가물해도 당신을 극진히 모시던 그 여자를 순간순간 떠올리시는 것이다. 명절에나 찾아뵙는 뜨내기 자식들은 바로 앞에서 누구라고 말해도 파뜩 알아보고는 잊으셨다.

어느 날이다. 내가 나갈 채비를 하니 느닷없이 다가와서는 "선생님, 저는 아무것도 모릅니다. 변소 가는 것 좀 걸차 주이소." 또 어느 날은 책을 보고 있었더니 잠에서 깨셔서는 "우째든지 배워가지고 사이좋게 지내라." 글이 배우는 도구라는 건 멈춘 기억에서도 떠올린 것이다. 또 당신 없는 세상에서 형제끼리 우애 없이 지내면 안 된다는 것은 끊긴 정신에도 알려주실 용기셨다.

대부분 어른들이 치매에 걸리면 가족들이 듣기 불편한 말을 한다고 들었다. 착한 천성 때문일까, 어머니는 말끝마다 "고맙습니다. 감사합니다."를 하신다. 옷을 내리고 소변을 뉘어도, 고맙습니다. 목욕을 시켜드려도, 고맙습니다. 사탕 하나를 드려도, 고맙습니다. 심지어 당신이 노래를 한 곡 부르고도 '고맙습니다'를 붙이셨다. 그러면서 먹는 것은 무엇이든지 나눠 먹자고 하셨다. 이런 배려가 세상을 버티어온 끈이 아니고는 혼미한 정신에서 나오진 않을 것이다.

몇 년 전이다. 그때는 건강한 몸으로 우리 집에 오셨다. 내가 잠깐만 안 보여도 사람 구경하느라 베란다에 우두커니 앉아 저 아래로 내려다보시던 모습, 지금 내게 밀려오는 막심한 후회다. 한 가닥이라도 혼이 있을 때 꼭 붙어 있었어야 했는데, 차 놓치고 주머니에 남은 차표만 만지는 내가 되다니.

한평생 마음 편히 앉아 밥 한 끼 제대로 못 드신 어머니, 한번 가면 돌아온 이가 없는 그곳에 짐을 풀 준비를 하니, 길을 걷다가도 시야가 흐려진다. 고마웠다고, 사랑했다고 아직 말 못 했는데 어머니는 가실 길만 준비하신다.

넓고 넓은 바닷가에 오막살이 집 한 채
고기 잡는 아버지와 철모르는 딸 있네.
내 사랑아 내 사랑아 나의 사랑 클레멘타인
늙은 아비 혼자 두고 영영 어디 갔느냐.

가사 하나 틀리지 않고 부르시는 노래다. 건강하실 땐 글 읽는 소리는 들어도 노래를 들어본 적은 없다. 안 하던 노래를 하면서 왜 하필 이 노래를 즐겨 부르시는지 알 수 없지만 누운 자리에서 구성지게 불러 젖히면 가슴 깊은 곳에서 피눈물이 솟는다. 삶의 구절구절마다 맺힌 애환을 용서하고 떠나시려는 노래라 싶으면 목이 멘다. 꽉 마른 체구에도 정이란 정은 다 품고 계셨던 어머니. 치매를 앓으면서는 떡을 좋아하셨다.

나는 살빛 낮달이 밝은 날, 방앗간에 가 떡 한 시루 찌고 그리도 가여워하던 막냇동생 차에 어머니를 태워 노래처럼 부르던 그 여자(올케언니) 곁으로 보내 드렸다.

(2015. 1)

※ 어머니는 몇 개월 후에 세상을 뜨셨다.

섞어서 좋았다

쌀, 보리, 조, 수수, 팥, 콩, 가짓수가 많다. 밥을 하려면 잡곡은 불려야 한다. 불린 잡곡을 쌀과 섞어 압력솥에 부어 불을 올리고 어느 정도 뜸을 들인 후 솥뚜껑을 열면 냄새가 구수하다. 낱알이 큰 콩, 보일 듯 말 듯 하면서 쌀에 착 달라붙어 있는 조, 발그레한 수수, 쌀 크기와 같으면서 색깔이 노리끼리한 보리쌀과 현미, 빨간 팥. 한눈에 봐도 밥은 영양가가 있어 보인다. 그러나 먹어보면 쌀밥만 못하다. 갓 펐을 때는 매끄럽게 씹히지만 밥이 식으면 입안에서 뱅뱅 돌 때도 있다.

잡곡밥을 먹어온 지가 제법 세월이 흘렀다. 쌀밥이 건강에 안 좋다는 말이 돌면서 서서히 잡곡에 대한 관심을 갖게 되었고, 처음에는 현미를 조금 섞다가 하나둘 늘리면서 요즘은 그 수가 몇 배나 된다. 입맛을 들이기도 쉽진 않았지만 밥을 할 적에도 쌀만 푹 퍼서 할 때보다 번거롭다. 조금만 소홀히 해도 한두 가지가 빠지기 일쑤니 정신을 바짝 차려야 하는 것도 일이다. 몇 번이나 '맛도 없는데' 하며 예전처럼 돌아가고 싶었다. 그런 날이면 꼭 TV에선 쌀밥보다 잡곡밥이 몸에 좋다고 방영하고 있었다. 싫던 마음을 추스르며 떨어진 잡곡을 다시 구하러 나섰고 세월이 흐르면서 이제 별 군담 없이 먹고 있다.

하루는 김밥을 싸야 할 형편이었다. 친구랑 등산을 가기로 돼 있어서다. 다른 날보다 일찍 일어나 쌀에다 보리쌀 한 주먹만 넣고 밥을 지었다. 가방을 챙기는데 전화벨이 울렸고, 받다 보니 출발 시각이 임박해 손이 여러 번 가는 김밥은 쌀 수가 없었다. 하는 수 없이 그냥 도시락을 쌌다. 김치랑 몇 가지 반찬을 넣은 도시락을 메고 약속한 장소로 가니 친구가 와 있었다.

반갑게 손을 잡으며 산을 올랐다. 한참을 걸어 좁은 길에서 넓은 길로 들어설 때다. 수많은 사람들이 저 아래로 내려다보며 걷고 있었다. 그 사이 우리도 끼어들었고 목적 코스를 가려니 몇 모롱이를 돌고 돌아야 했다. 우리도 자연히 눈이 아래로 향했고 마주친 곳엔 건물과 아파트가 공중을 찌를 듯이 솟아있었다. 나는 뜻밖에 객기가 돌아 동네 이름을 맞혀보자고 의견을 냈다. 먼저 "저기가 우리 동네." 했다. 말은 쉽게 나왔지만 긴가민가였다. 사는 곳과 거리가 멀지는 않지만 위에서 보고 감을 잡기는 쉽지 않았다. 똑바로 보이는 쪽이 맞는다고 단정 짓고 돌아서면 비슷한 동네가 또 나왔고, 그 동네가 그 동네 같았다. 친구와 나는 꼭 해야 할 숙제처럼 머리를 맞댔고 앞다투어 아는 동네 이름을 들먹였다.

손을 쭉 뻗어 "저쪽이 충정로이니 이쪽이 구청이 있는 동네 맞아." 고심 끝에 의견 차이를 좁히고 좁혀 간신히 결론을 내렸다. 그러다 몇 발짝 가니 안내판에 지리가 그려져 있었다. 친구와 나는 안내판에 바짝 붙어 섰고 하나하나 짚어보니 답이 맞아 등을 툭툭 치며 서로 길눈이 밝다고 치켜세웠다. 모처럼 만난 친구와 살아가는 얘기도 즐겁지만 산허리를 가로지르며 도시의 동네를 가늠해 보는 것도 재미 중의 재미였다.

걸음이 빨랐을까. 그러고 나서도 도시락을 풀기에는 이른 시간이었다. 우린 잠시 멈춘 그 자리에서도 "저 아래는 어디지?" 했고 또 맞혀보자고 입을 모았다. 지혜로운 친구는 먼 곳에서 장시간 차를 타고 와 지칠 법도 한데 아까 본 안내판을 상상하며 또 고개를 갸웃거렸고 꼭 해야 할 일은 아닌데도 말을 낸 건 해결하려 들었다.

그러는 새 빈 의자가 눈에 들어왔다. 의자 위에 소복이 올라앉은 햇살. 소담스럽고 따스했다. 밥 먹자는 말이 안 나올 리 없었고 누가 먼저랄 것도 없이 도시락을 풀었다. 코에 와닿는 쌀밥 내음. 집에서 몇 술 뜨기는 했지만 쫓기던 시간이라 깊은 구미는 못 느꼈는데 예사 맛이 아니다. 쌀밥 내를 산새 몇 마리도 아는지 마른 가지에서 포르르 오르내리며 지저귄다.

김치 한 조각에 쌀밥 한 술, 홈쇼핑에서 이 장면이 나오면 TV 화면에다 입을 대고 싶었는데 나도 그 주인공이 됐다. 볼이 불룩해 오물거리며 친구를 보니 친구 역시 맛있어 보인다. 길지 않은 겨울 해 때문에 점심은 꼬박꼬박 챙기기보다 대충 때웠는데 오랜만에 제시간에 밥도 먹고 학교 다닐 때 공부 잘하고 선생님 말 잘 듣던 친구와 앉아있으니 행복이 따로 없다.

친구는 동네 이름을 맞히는 데도 한몫을 했으면서 또 엉뚱한 질문을 던진다. 내 피부가 지난번 만났을 때보다 훨씬 곱단다. 그러면서 뭘 먹느냐고 한다. 먹는 거라고 해봐야 밥 먹는 게 전부인데, 그때도 밥은 먹고 있었다. 또렷한 답을 내놓지 못하자 재차 물었고 불쑥 나온 말은 '잡곡' 이었다. 상식이 풍부한 친구라 잡곡이 건강에 좋다는 건 이미 알고 있을 테지만, 화들짝 놀란다.

진짜 답인지도 나도 모른다. 그러나 입에 익은 쌀밥을 슬슬 밀어내고 꾸준히 잡곡을 섞어 먹는 데 성공한 건 사실이다. 곡식도 섞어 먹으면 좋다지만 친구를 만나 말도 섞으니 동네 이름을 찾는 데도 도움이 되었고 등산도 즐겁게 하면서 재미가 배로 생긴 날이다.

(2020. 2)

사이다

며칠 전 버스 안에서다. 초등학교 4, 5학년쯤으로 보이는 아이들이 버스 한 좌석 가운데를 두고 오목하게 모여 서서

"얘 너 얼마 가져왔니?" "만 원."

"너는 얼만데?" "오천 원."

"야, 그것 가지고 되니?" "나는 김밥은 싸 왔어."

얘기를 듣고 보니 소풍 가는 것이었고, 만 원을 받은 아이는 거기에 밥값이 포함된 듯했고 오천 원을 받은 아이는 도시락을 싼 듯했다.

소풍 가는 풍경은 나 어릴 때와는 딴판이지만 들떠있는 마음은 똑같아 보였다. 그 시절도 나무들이 연둣빛으로 옷을 입으면 꼭 소풍을 갔었다. 날짜가 정해지면 날마다 손가락을 꼽아가며 그날을 기다렸고 어머니는 장롱 깊숙이 넣어둔 새 옷도 미리 꺼내 놓으셨다. 하루 앞둔 날에는 5일장이 서는 날 사다 놓은 멸치

며 마른오징어도 부뚜막에 내놓으시고 가마솥에 물을 데워 동생과 나를 목욕도 시키셨다. 그날 밤은 하늘을 쳐다보며 '어서 날이 새기를' 애태우다 잠이 들었고 다음 날은 어머니가 뭐라고 하지 않아도 일어나 방 안 정리를 말끔하게 해 놓았다.

멸치 냄새가 솔솔 나는 도시락을 들고 몇 살 아래인 남동생과 십 리를 걸어 학교 가는 길은 마냥 기쁨에 젖어 말썽꾸러기 동생도 잘도 따라왔다. 도착하니 큰 느티나무 밑에서는 친구들이 옹기종기 모여 도시락 반찬 자랑을 하고 있었다. 나도 그 틈에 끼려는데 언뜻 눈에 띄는 게 동생 도시락 보자기였다. 보자기 모서리가 발그레하게 양념 물이 배어 있는 것이다.

와락 동생 손목을 잡고 도시락을 낚아채니 반찬을 오는 도중에 꺼내 먹은 표가 났다. "그러느라고 고분고분 잘 따라왔구나." 평상시 같으면 몇 번이나 돌아서서 "빨리 안 와?"를 반복했을 텐데. 소리도 없이 오면서 보자기 모서리로 손가락을 넣어 야금야금 꺼내 먹은 것이다.

입안까지 차오르는 화를 억지로 참으며 온몸으로 동생을 떠밀어 학교 뒤뜰로 가 왜 그랬느냐고 눈을 부라리며 내 도시락 반찬을 동생 도시락에 넣어주었다. 그저 코만 훌쩍이는 동생에게, 선생님 뒤에서 줄지어 갈 때는 절대로 그러면 안 된다고 몇 번이나 다짐을 받고는 믿어지지 않은 마음을 애써 달래며 동생 손을 놓았다.

새들도 소풍을 알고 있었는지 각 반끼리 줄지어 가는 우리들 머리 위에서 지지배배거렸고 연둣빛 나뭇잎은 엷은 그늘을 씌워 주느라 그저 하늘거렸다. 졸졸 흐르는 시내에 아스라이 놓인 징검다리도 말끔히 단장을 한 듯했고 흰 운동화 차림의 남자 선생님은 연신 호루라기를 불어댔다.

도착한 숲, 먼저와 기다리는 행상 아주머니들이 우리들을 맞았다. 아이들이 모여드는 곳마다 볼거리가 넘쳐나고 헐렁한 새 옷을 입은 친구는 자랑을 하느라 입에 침이 튀었다. 삼각 비닐 팩에 오렌지 주스는 보기만 해도 군침이 돌았고 뽀얀 가루가 송송 묻은 풍선은 불기만 하면 큰 지구공이 될 것 같았다. 어머니가 주신 몇 푼을 손으로 만지작거리며 풍선 한번 불고 싶은 충동에 주변을 배회했지만, 돈이 주머니에 있는 게 더 즐거워 끝내 참는 아이가 되었다.

그러다 점심시간이 되었고 반찬 그릇 자리가 빈 도시락을 친구들 앞에 내놓으려니 창피해 얼른 풀지 못하는데 집안이 좀 부유한 석남이는 하얀 쌀밥과 계란말이 반찬에 사이다까지 내놓는 것이다. 아이들은 모두가 석남이를 에워쌌고 석남이가 말을 하면 무엇이든지 들어줄 태세였다. 친한 아이들한테만 한 모금씩 먹어보라고 하는 석남이의 기세가 방앗간 집 큰아들같이 당당해 보였다.

코를 싸하게 하는 사이다 냄새. 소풍날의 분위기를 한층 돋우었고 병을 거꾸로 치켜세워 병 주둥이에 입을 대고 있는 석남이는 사이다를 아껴 먹을 거라며 한 모금 먹고 내려놓기를 반복했다. 먹고 싶은 마음을 더 이상 참을 수 없어 행상 아주머니께로 뛰어갔지만 주머니의 돈으로는 사이다 한 병을 살 수가 없었고 말간 물 위에 동동 떠다니는 파란 병에 눈 맞춤을 하다가 돌아서야 했다.

빈 반찬통이 아이들 입에 오르내리는 게 싫어 수양버들 그늘에서 혼자 밥을 먹으면서는 동생이 반찬을 제대로 가져갔을까가 더 궁금했다. 내 심정을 아는지 노랑나비 한 마리는 주위를 맴돌며 재미없는 생각은 잊으라는 듯이 나풀거렸다. 소풍날 제일 재미있는 보물찾기며 노래자랑도 그저 그래 친구들 속으로 들어갈 마음도 없는데 석남이는 다 먹은 빈 병을 아까 한 모금 준 친구에게 집에 갈 때까지 들고 다니라고 호령하는 눈빛이 매서우리만큼 사나웠다.

돌아오는 길엔 파란 하늘에다 사이다 병을 수없이 그리며 언젠가는 혀를 톡 쏘는 사이다를 벌컥벌컥 마셔보리라 야무진 다짐을 했는데, 요샌 따라주는 형편을 몸이 안 받아주니 마트에 가도 쳐다보기만 한다. 파르스름한 병 색깔에도 그 옛날 내가 보이는 사이다, 입안이 싸해져 온다.

(2005. 5)

편견

"이 차 용문 가요?" 차 안 사람들이 머뭇머뭇하자 다시 "용문 가요, 안 가요?" 다급한 소리가 커졌다. 몇 명이 동시에 "네네" 하자 서너 명이 우르르 열차에 올랐다. 이들은 중년 주부들로 등에는 묵직한 가방이 메여 있다. 아침에 지하철을 타면 더러 볼 수 있는 장면이다. '경인 중앙선' 이 개통되고 '용문' 에 놀이 삼아 가는 사람들이 많다는 얘기는 이미 소문나 있다.

서울에서 그리 멀지 않은 곳이기도 하지만 이름난 은행나무가 있고 큰 절이 있는 것도 볼거리다. 차를 여러 번 갈아타지 않아도 되는 장점도 있고 지하철을 공짜로 타는 사람들이면 더더욱 좋은 나들이 코스다. 차비를 주고 타더라도 복잡한 도시를 벗어나 자연을 원 없이 보며 지치지 않는 하루를 보낼 수 있으니 반길 만하다. 가까운 거리라도 교통이 불편하면 나서기가 두려운 것 또한 사실이다.

얼마 전 강화에 다녀왔다. 집에서 멀지 않지만 잘 가게 되지 않았던 곳이다. 이번 걸음도 미리 계획에 있었던 건 아니다. 지난가을 가끔 만나는 친구들이 비금도에 한번 다녀오자고 마음을 모았다가 바꾸면서 엉겁결에 잡힌 것이다.

비금도는 속해있는 친구 중 한 명의 친정이 있는 곳이고 이름처럼 아름다운 섬일 거라는 생각에 늘 마음에 두고 있었다. 만나기만 하면 친구도 은근히 고향 자랑을 했고 다들 가보고 싶어 했다. 친구 말이 조금은 과장되었다고 해도 쉽게 갈 수 없는 곳이라 호기심 또한 떨칠 수 없었다.

주선하는 친구는 부지런히 날짜와 떠나는 날, 만날 장소며 들어갈 경비를 알아보느라 바쁘게 움직였다. 그러다 뜻하지 않게 문제가 불거졌다. 계획으로는 친구 친정집에서 숙식을 할 건데, 뭘 하면서 지내느냐는 것이었다. 날씨가 따뜻할 때는 자연만 봐도 비경이고 아무 데나 앉아 있어도 파도 소리가 들려 이마에 땀을 식혀줄 텐데 추울 땐 와닿는 느낌이 사람에 따라 다를 수 있다는 것이다. 출렁이는 바닷물이 오히려 찬 기운을 불어넣어 그날 컨디션이 한 사람만 나빠도 겨울바다가 마냥 아름답지만은 않을 거란다.

그렇다고 그곳까지 가서 선걸음에 돌아올 수는 없으니, 급하게 장소를 바꾸느라 많은 의견이 쏟아졌다. 제주로 가자니 며칠 전에 다녀온 친구가 반기를 들고, 외국을 나가자니 너무 촉박하고 궁리 끝에 강화에 초점이 맞춰진 것이다. 가까운데도 불구하고 발이 잘 닿지 않는 곳이라 한 명도 이의가 없는 것 또한 수월하게 정할 수 있었던 이유다.

떠나는 날 가까운 버스 정류장으로 갔다. 도착과 동시에 강화터미널이란 글자를 단 버스가 출발을 준비하고 있었다. 서두르면 탈 수가 있었지만 함께 타자고 한 친구가 나타나지 않아 오를 수가 없었다. 급한 마음에 고개를 차 안에 들이밀다시피 하고 다음 차는 언제 오느냐고 물었다. 10분 후에 온다는 버스 기사의 느긋한 대답이 귀에 쏙 들어왔다. 움직이는 버스를 바라보면서 갑자기 걱정이 됐다. 제시간에 안 오면 어쩌지 싶기도 하고 약속한 목적지에 시간 맞춰 갈 수 있을지도 의문이었다.

내 음성만 실은 버스는 뒷모습까지 다 사라지고 다른 버스를 탈 사람들 속에 묻혀 있는데 기다리던 친구가 왔다. 떠난 차 기사가 한 말을 그대로 전하면서 차가 더 빨리 왔으면 좋겠다고 하니 친구도 고개를 끄덕였다. 그런데 버스는 오지 않았다. 충분히 시간은 되었을 것 같은데 나타날 기미가 없다. 앞을 봤다가 뒤를 봤다가 발을 동동거리는데 저만치서 빨간 전광판을 단 버스가 '강화' 를 달고 성큼성큼 오고 있었다. "차 온다." 동시에 나와 친구가 외쳤다. 친구 역시 마음이 쓰인 것 같았다. 차에 앉아 시계를 보니 10분이 넘지도 않았다. 조급한 내 마음시계가 먼저 가고 있었던 것이다. 또 몇 분에 도착할지가 궁금해졌다.

휴대전화를 꺼냈다. 글 몇 자를 썼을까 시간이 나왔다. 시외인데도 예상보다 빠르다. 차창 밖을 보며 강화 가는 길을 눈 안에 담았다. 줄지은 승용차도 덩치가 큰 버스도 네거리에서 지켜보는 빨간 불과 파란불을 말 잘 듣는 아이들처럼 듣고 있다. 무거운 짐을 자전거에 실은 사람도 멋지게 차려입은 사람도, 목적을 향해 가는 발길은 똑같아 보였다. 수십 개의 버스 정류장을 지나면서 사람이 타고 내리는 곳도 많았지만 한 사람도 내리지 않은 정류장도 있었다. 차가 최종으로 멈췄을 때는 정해진 시간이 훌쩍 지난 느낌이었다.

그런데 터미널에서 시계를 보니 한 치 오차도 없이 정확한 시간이다. 장거리임에도 제시간에 들어간 게 예상 밖이었다. 지하철을 타야 약속 시각을 지킬 수 있다는 팽배한 믿음이 버스에까지 옮아가는 건 어렵지 않았다. 시간을 지키려면 꼭 지하철을 타야 한다는 편견을 경험해 보고 알았다. 또 차 안에서 내다보는 풍경은 더 아름답고, 생기 있게 돌아가는 삶의 현장도 한눈에 볼 수 있는 것이 장점이라면 장점이었다. 얼떨결에 하룻밤 묵은 강화는 구경도 좋았지만 타고 다닌 버스도 돋보이는 가치를 아끼지 않아, 다음 나들이에도 버스를 탈 것 같다.

(2019. 11)

기다림

고속버스는 어디쯤 오고 있을까. 진주에서 출발해 산청을 지나고, 인삼랜드도 지나고, 대전을 거쳐 평택도 지나고, 안성휴게소에서 쉬고 있지 않을까. 새벽에 일어나 며칠 전부터 준비해 놓은 가방에 행여 빠진 소지품이 있나 다시 풀어 확인하고 어깨에 메었을 형제들. 출발지는 각각 다르지만 떠날 준비는 비슷했을 것이다.

같은 나라 같은 땅에서 살고 있지만 우리는 일 년에 한 번도 채 못 만난다. 올해는 내가 새집으로 이사를 해 집들이 겸 온다는 말이 나온 것이다. 사는 데만 급급하다 보니 언니가 시간이 되면 오빠가 바쁘고, 언니와 오빠가 시간이 되면 동생이 안 되고, 또 큰 동생이 나설 형편이면 작은 여동생에게 일이 생기고…. 무수히 많은 나날을 이렇게만 살아왔다. 옆집은 형제가 모여 해외여행도 잘도 떠나건만, 우리는 교통편이 번거로운 비행기나 배도 아니고, 날이 아무리 궂어도 상관없는 고속버스만 타도 되는데 그게 그리 어렵다.

오겠다는 글이 카톡 방에 올라온 지가 한참 되었다. 거짓말 같아서 진짜 올 수 있을까 믿기지 않았다. 좀 재바른 동생이 서둘러 날짜를 정하고부터는 설레는 마음으로 밤을 지새웠다. 사람 수가 많으니 시장도 몇 번 드나들었다. 올망졸망한 시절에 어머니 품안에서 맛나게 먹던 과일도 장바구니에 담았고 어쩌다 입에 넣을 수 있었던 생선도 눈이 파르스름한 것으로 사다 날랐다. 무거워서 양손이 늘어질 만큼 마음은 날마다 달아올랐고 드디어 그날이 왔다.

새벽에 일어나 형제들을 떠올리며 반찬거리를 만지니 신이 났다. 청소도 해야 하니 몸도 마음도 바빴지만 그리 힘들지 않았다. 만난다는 것은, 기분 좋은 부분이 새로 생길 만큼 즐거웠다.

그런데 별안간 부추 단을 묶은 붉은 끈에서 봄이 보였다. "아 맞다, 조금만 더 있으면 봄이지" 입춘이 지난 지도 여러 날 되었고 시장에서 사다 놓은 파가 새순이 금세 나는 것만 봐도 봄은 눈앞이다.

나는 연분홍 꽃이 무리 지어 피는 봄을 엄청나게 기다렸다. 그러다 보니 설이 지나면 봄은 나의 기다림 속에서 커 갔다. 장롱을 열어 얇은 이불은 맨 위로 올리고 신발도 털신은 깊숙이 밀어 넣기에 바빴다. 걸치기만 하면 몸을 데워줄 듯한 오리털 잠바도 옷걸이 맨 뒤쪽에 갖다 거는 것 또한 순서에 있었다. 자주 마시던 물도 뜨거운 숭늉보다 미지근한 보리차에 손을 댔고, 여유를 부릴 만큼 짬이 나면 해를 있는 대로 받아들일 베란다 유리도 허둥대며 닦아 냈다.

이것뿐이 아니다. 지나온 해 가을부터 기다림은 시작된다. 산책을 하다 낙엽이 진 가장자리를 보면 새 움이 틀 거라고 눈여겨보아 놓고, 누런 나뭇잎이 수북이 쌓인 곳은 숨어 있는 새순이 수월하게 나오라고 발로써 쓱쓱 한 덮개 거둬 내기도 한다. 그럴 적마다 오직 봄은 내 안에서 꿈틀대는 느낌이다.

어디쯤 오고 있는지 물어볼 수가 없는 게 봄이지만 분명 기다림 속에서 오고 있음은 틀림없다. 초등학교 저학년 시절, '봄, 여름, 가을, 겨울' 을 귀가 따갑도록 외웠던 기억이 해마다 잊지 않고 되살아나는 것도 봄 타령일지 모른다. 강남 갔던 제비가 봄에 온다는 선생님 말씀이야 기억이 있는 한 잊힐 수 없는 마음의 영양분이고, 농부가 밭을 갈고 씨를 뿌리는 것은 보고 자랐기에 더 생생하다.

짓무른 잎만 떼어낸 부추가 아직 물에 들어가지도 않았는데 전화벨이 울렸다. “여보세요. 나다.” 언니였다. “길이 얼마 안 남았다. 강남터미널에서 다 만나서 갈 건데 조금만 기다려라.”

일을 좀 하긴 해도, 부산도 진주도 부추 한 단 다듬을 시간에 거의 다 왔다니 버스 앞에 ‘고속’이 붙는 건 당연한 것 같다. 퍼뜩 일어섰다. 살랑살랑 부추를 씻어 먹기 좋은 크기로 썰고 양파, 당근, 풋고추를 넣고 밀가루에 반죽한다. 콧속을 파고드는 봄 향기는 유리 너머로 멀찍이 보이는 산수유도 한몫하고 있다.

물기가 빠진 생선은 가스 불에 올리고 압력밥솥에 밥도 안친다. 커다란 상을 힘겹게 꺼내면서는 여간 무거워도, 굵은 팔로 거뜬히 들던 남동생도 함께 온다는 생각에 웃음이 나온다.

지금쯤은 3호선 열차 안에 몸을 담았을 형제들. 다들 닮았다고 열차 안 서울 사람들이 눈을 껌벅이겠지. 상 위에 반찬을 올리며 수저도 사람 수에 맞춰본다. 우리 집이 보이는 곳에 내 혈육이 발을 디뎠겠지. 흩어져 살면서 멀게만 느껴졌던 거리가 눈 녹듯 사라진다.

현관 앞 벨 소리, 기다림을 순식간에 날려 보내고

“언니야! 오빠야!”

맞잡은 손에서 투박한 사투리가 고향 앞마당을 연상케 하고, 질세라 거실 안으로 쑥 들어온 해는 봄도 다 왔다며 두꺼운 내 윗도리를 벗기려 든다.

(2019. 2)

단풍

아파트 단지를 빠져나가는데 갑자기 바람이 일더니 벚나무 잎이 발등에 내려앉았다. 잠시 발을 멈추는 순간 이쪽저쪽에도 잎은 내려앉는 중이었다. 붉은 물이 든 나뭇잎은 색깔도 곱거니와 갸름한 모양도 예쁘다. 이른 봄 연분홍 꽃이 지기가 무섭게 연두색 잎이 나고 여름이 되면서 진녹색의 잎은 그늘도 만들었다. 너른 그늘을 안방 삼아 놀던 사람들. 그런 풍경이 아직도 머리에 생생한데 벌써 나무는 가을을 등에 업고 겨울 채비를 하는 모양이다.

지난해만 해도 그랬다. 단풍잎이 떨어지면 손에 뭘 쥐고 있어도 엎드려 몇 잎이라도 주워 보고 싶었다. 어린 시절 책갈피에 끼워 모양이 반듯해지면 선물한 기억도 나고, 인형 옷을 만들며 소꿉놀이를 함께한 친구도 생각나 하찮은 잎이지만 주워 보고 싶었다. 그런데 올해는 웬일인지 발등에 내려앉은 잎도 멍하게 보고만 있다. 세월이 자연을 저버리지는 않았을 텐데 나는 왜 이리 무디어지고 있을까.

올해 들어 잦은 잔병치레로 병원을 드나들었다. 눈이 탈이 나더니 코가 뒤를 이었고 무슨 영문인지 다 나았다고 장담한 주부습진까지 도져 고통 속에서 헤매었다. 어떤 경우에도 소화기능 하나만은 자신했는데 배도 아팠다. 배를 부둥켜안고 내 이름이 쓰인 약봉지를 들고 근 열흘을 이 약국 저 약국 드나들었다. 아직도 뱃속에서 꼬록꼬록 소리가 나지만 그래도 한시름 놓은 상태다.

앓은 다음이라 그런지 의욕도 없고 좋은 것도 없다. 새로운 게 있어야 재미가 있는데 사물을 보고도 그저 멍하게 대하는 게 부지기수다. 이런 증세는 몇 년 전부터 조금씩 일고 있었다. 마음을 다잡아 보려 나름 노력도 해 봤다. 신문을 보면서 정독을 핑계 삼아 꼿꼿하게 앉았고 반찬을 만들어도 대충 조물딱거리진 않았다. 양념과 간이 골고루 배게끔 시간을 두고 정성을 들였다.

그래서인지 놀이동산에 친구들과 나들이를 갈 때 도시락을 싸가면 반찬이 맛있다고 칭찬을 들었다. 생기 나게 살려고 안간힘을 쓰는 나에게 주변에선 혹시 우울증이 온 것 아니냐고 묻기도 했고, 무슨 걱정이 생겼느냐고 바싹 다가오는 친구도 있었다.

아이들 키울 때는 몰랐다. 하루 살기에 바빠 다음 날까지 미리 떠올릴 여유도 없었을뿐더러 나태해질 시간도 없었다. 아침에 도시락 몇 개를 싸고도 다른 일을 겸했고 느긋하게 앉아 식사 한 끼도 할 새가 없던 나였다. 새파란 젊음이 약이었는지 몸져눕지도 않았고 감기 따윈 마음에 두지도 않았다.

아이들이 하나둘 내 품을 떠나면서 허전함이라는 단어가 내 속에서 꿈틀대기 시작했다. 큰딸은 오래돼 무덤덤해 있었지만 아들이 취업 따라 타지로 떠나던 날 가슴에 있는 온기마저 멈추는 것 같아 애써 마을 어귀를 돌며 눈물을 삼켰다. 감질나게 타가던 용돈 몇 푼이 야속했던지 아들은 제 덩치보다 무거운 가방을 메고 씩씩하게 집을 나서는데 나는 왜 그 당당한 행동이 싫던지.

그래도 막내만은 오래도록 함께하리라 믿었다. 집 가까운 곳에 취업이 돼 마음이 놓였다. 그러다 막내도 제 둥지로 떠나가는 날, 그 빈 공간을 무엇으로 표현하랴. 골목에 구두 소리만 나도 그 아이가 들어오는가 싶어 현관문을 열었고 아침이면 일어나 과일 한 조각이라도 먹여 보내려고 안달을 떨던 모습도 선뜻선뜻 떠올랐다.

그랬던 아이들이 출근도 퇴근도 나 없는 곳에서 하니 재미는 자동적으로 멈추었다. 둘만이 남은 공간은 늘 찬바람 지나간 둥지에서 지푸라기 하나 걸치지 않은 두 마리 새 같다. 비교적 일찍 내 곁을 떠나버린 아이들. 어른을 모시고 대가족 속에 사는 친구는 나더러 복에 겨운 소리라고 만날 때마다 톡 쏘지만 외로움의 길이가 길어진 건 이해 못 한다고 돌아서서 입을 삐죽인다. 쫓기는 시간이 필요치 않으니 끼니도 늦기가 일쑤고 통장에 잔액도 예전처럼 확인을 않는다.

어데 그뿐이랴. 할 수 있는 일도 상황 봐가며 양보를 해야 한다. 보통 사람들의 정서가 한평생 살면서 자식 낳아 키워 자식이 제 둥지를 찾는 데까지 소임을 다한 것으로 비춰지니 그렇다. 그러니 그 후로는 경제 활동은 크게 관심을 두지 않는다. 충분히 할 수 있는 일도 돈이 되는 일은 나보다 할 일이 많은 사람에게 양보하는 것이 원칙처럼 보일 때가 많다.

얼마 전 괜찮은 일감이 생기던 날이다. 일도 수월하고 해 오던 일이라 하고 싶었다. 해야지 하고 날짜 조정까지 단번에 해 놨는데, 가만히 보니 몇 명 중에서 한 명은 빠져야 할 상황이었다. 재미도 있고 수고비도 제법 줄 것 같은데, 눈치를 보다가 내가 자진해서 물러섰다. 나이도 그중에서는 제일 많고 무엇보다 남들이 말하는, 할 일이 없는 축에 속하는 내가 양보하는 게 좋을 것 같아서다.

이런 일은 일하는 데서만 일어나는 게 아니다. 밥을 먹고 밥값을 낼 때는 먼저 지갑을 여는 게 훨씬 좋아 보이고, 길을 가다가 바빠 보이는 사람 앞에서는 으레 한 걸음 물러서는 게 이치처럼 와닿는다. 정처 없이 떨어지는 저 낙엽이 나 같아서 더 서글프다. 추운 겨울날 찬물에 손을 넣어도 차갑지 않던 내 젊음을 찾을 순 없을까. 그 시절이 그립다.

(2019. 11)

모교를 찾아서

길을 가다가도 아이들을 보면 자연히 발이 멈춰진다. '어느 학교에 다닐까, 편지 쓰기 강좌를 한 학교 아이일까?' 이런 궁금증이 생겨서다. 생각만 이런 게 아니다. 편지가족 일이라면 우선적으로 마음이 쏠린다. 언제나 가방에 홍보지를 넣어 다니면서 나눠주기도 한다. 편지를 많이 쓰자고 홍보하는 것도 괜찮은 일이라 나름대로 보람도 느낀다.

일을 하다 보면 학교 선생님들도 자주 만난다. 책이나 일간지 같은 데서 선생님들의 글만 읽어도 눈이 번쩍 뜨인다. 읽고 나면 잘 읽었노라고 편지를 쓰기도 하는데, 편지 쓰기 강좌에 대해서도 몇 줄 쓴다. 그렇다고 연결이 되는 건 아니지만 하게 된다. 마음은 늘 편지 쓰기 지도를 안 해본 학교에 가서 강좌를 열기를 소망한다. 그래야 더 많은 학생들이 우리 단체 활동에 대해 이해를 하고 참여할 것 같아서다.

모교인 진주 대곡초등학교를 찾아간 것은 학교 누리집에서 교장 선생님의 인사말을 읽고 나서다. 말씀 중에 '그래서와 그래도'가 있었다. 선생님은 '그래서 안 되는 일을 그래도 해 보라'고 말씀하셨는데 특이한 교육 문구라 단번에 마음이 머물렀다.

당장 교장 선생님께 편지를 썼다. 몇 회 졸업생이라고 밝히면서 편지 쓰기 강좌를 하러 가도 되겠냐고 여쭌 것이다. 편지봉투에 학교 주소를 쓰고 우표를 붙이면서는 이 편지가 교장 선생님께 전해질까 하는 염려와 약간의 두려움도 들었다. 바로 받아준다고 해도 그 먼 길을 혼자 가서 할 수 있을까, 부질없는 짓이 되지는 않을까. 별별 생각이 머리를 스쳤다. 그런데 연락이 왔다. 교장 선생님께서 흔쾌히 와도 된다는 것이다.

가까운 거리가 아니라 어렵게 날을 잡고 5월 25일 고속버스를 탔다. 어머니를 뵈러 가는 것 못지않게 마음은 붕 떴다. 졸업하고 강산이 몇 번이나 변했는데 한 번도 가본 적이 없다가 편지 쓰기라는 중대한 사명감을 갖고 가는 게 꿈이 아닌가 싶기도 해 넋을 놓고 스치는 차창 밖을 내다봤다. 네 시간이나 버스를 타고, 내려서 또 갈아타고 학교 가까운 곳에서 하룻밤을 묵었다.

날이 새자 달려간 모교, 부르기만 하면 고만고만한 내 친구들이 몰려올 것 같은데 교정은 많이도 변해 있었다. 고무줄을 몇 겹으로 매어도 끄떡도 하지 않던 아름드리 느티나무는 보이지 않고 들어서기만 하면 삐거덕거리던 나무계단도 없었다. 변하지 않은 것은 다정하게 맞아주시는 선생님들이었다. 첫말에 알아채시는 교장 선생님은 학교의 어제오늘은 물론이고 현 상황도 실감 나게 일러주셨다. 수업 시작 10여 분을 남겨놓고는 역사관까지 안내해 주시는 자상함도 보이셨다. 역사관에는 좁은 책상과 낮은 의자, 짝꿍이 함부로 건너오지 못하게 책상 위에 그어놓은 선. 어릴 적 교실 풍경을 고스란히 볼 수 있었다.

편지 쓰기는 저학년부터 시작되었다. 장소는 비어 있는 교실이었는데 그날 수업을 위해 비웠다는 담당 선생님의 말씀이 있었다. 낯선 강사가 이 교실 저 교실 다니면 수업이 원활하지 못할까 봐 학교 측에서 철저하게 배려를 한 것이었는데, 듣고 있자니 준비해간 작은 정성도 다 내놓아야지 하는 용기가 집에서 나설 때보다 더 들었다.

담임 선생님의 인솔 아래 들어온 아이들. 떠드는 소리는 나 어릴 적과 똑같았다. 예전하고 다른 점은, 낯선 사람을 보고도 수줍어하기는커녕 오히려 씩씩하고 활달하다. 그러면서 먼저 말을 거는 아이도 있었다. 갖가지 사연을 있는 그대로 그려내면서는 편지를 잘 쓰면 상장을 받는다는 소문이 돌아 심혈을 기울이는 아이도 있었다.

급식 시간은 서울 학교나 다름없었다. 좀 다르다면 교장 선생님과 아이들이 식사를 같이하면서 대화를 나누는 것이다. 연방 밥을 뜨면서도 입을 못 다무는 아이들에게 교장 선생님은 막힘없이 이름을 불렀다. 한두 명도 아닌데 이름을 다 외우고 계신 것이다. 바닥에 떨어진 밥알에도 눈을 주시하는 선생님은 밥 먹는 버릇이 안 좋은 아이에게는 따끔한 훈육도 빼놓지 않았다. 밥만 먹는 시간이 아니라 선생님 사랑까지 먹는 아이들을 보면서 참교육이 바로 이런 게 아닐까 싶어 잠시 숙연함마저 들었다.

정겨운 분위기는 교장실에서 차 한 잔을 들 여유도 생겨났다. 교감 선생님과 마주 앉게 되었는데 모교의 어제오늘 얘기가 이어졌다. 안타까운 것은, 농촌 인구가 감소하여 학생 수가 현저히 준다는 것이다. 형편이 돼 도시로 떠나는 아이들이야 어쩔 수 없지만 인구수가 줄어 학생 수가 준다는 데는 가슴이 휑했다.

상급생을 만나는 5, 6교시는 재미와 애잔함이 같이 묻어났다. 막 부임해온 총각 선생님께 여자친구 없느냐고 따지듯이 쓴 편지, 멀리 사는 사촌 오빠가 보고 싶다는 편지, 아빠가 고추 모종에 지지대를 세우다 꼬챙이에 눈이 찔렸다는 사연은 아찔한 마음에 다음이 어서 보고 싶어 아랫줄을 당겨가며 읽어야 했다. 고향 들녘이 종이 위의 글이 돼 내 앞에 온 오후. 편지가 놓아준 다리가 고맙고 감사했다.

개방된 교장실, 선생님을 엄마처럼 따르는 아이들, 너른 운동장 이 모두가 내 모교의 이야깃거리다. 각 담임 선생님은 물론이고 급식실 아주머니, 교직원, 학생이 혼연일체가 되어 편지 쓰기를 한 것 같다. 귀에 익은 참교육이 공허한 외침이 아닌 실천하는 모교, 자랑스럽고 든든하다. 편지가 잊고 있었던 나를 찾게 해 준 날이다.

(2014. 7)

두 번째 도전

사람이 재미를 느끼는 일은 참 다양하다. 돈을 모으는 재미, 아이를 키우는 재미, 여행을 가는 재미, 이런 굵직한 재미도 있지만, 때론 소소한 일로 순간을 벅차게 하는 재미도 있다.

나는 아이들을 키워놓고 국어 공부를 해보겠다고 어지간히 학습관을 드나들었다. 뒤늦게 공부를 하려니 통 머리에 들어오지 않아 스터디 모임에는 빠지지 않았다. 각자 준비한 자료를 교환하며 열심히 머리를 맞댔는데 어느새 구성원들과 친구 사이가 되었고 공부가 끝난 뒤에도 모임을 만들어 종종 만난다.

10여 명의 친구 중에서는 J와 내가 나이가 같고 그다음으로는 두 살, 세 살, 많게는 다섯 살까지 어리다. 그러니 이름을 함부로 부를 수가 없어 이름 뒤에 꼭 씨 자를 붙인다.

이태 전 제주에서의 일이다. 제주에는 속해 있는 한 명이 이사를 가 방문차 갔는데 우리가 가자, 친구는 그곳에서 사귄 친구도 초대했다. 오래전부터 제주에 살았다는 친구의 친구는 며칠 머무르는 동안 종종 들렀다. 알고 보니 그도 원래는 서울 사람이라 우리를 더 반기는 것 같았다.

빠르게 친해질 수 있었는데 우리를 지켜본 그는 의문을 제시했다. '동창이라고 하면서 왜 말을 놓지 않고 존칭을 붙이느냐'다. 무슨 씨, 무슨 씨 하는 게 영 어설프게 들린다는 것이었다. 그에 말은 맞기도 했지만 언젠가 우리끼리도 말을 놓자고 벌금까지 정해가며 해본 경험이 있어 다들 귀를 쫑긋 세웠다.

당장 말을 놓자는 의견이 쏟아졌고 바로 실천하자는 말에 속도가 붙었다. 앞에 붙은 성과 뒤에 붙은 씨를 빼고 부르자는 지난번 약속과 같았는데 이번에도 해보니 혀도 수월하고 시간도 단축됐다. 이름 두 자만 부르면서 제주에서 가볼 만한 곳은 다 누비고 다녔다.

잡은 일정을 끝내고 돌아올 때다. 제주에 남겨질 친구는 "병숙아 잘 가" 했는데 비행기를 타고 공중을 오다 그만 그 약속이 깨져 버렸다. 기내 방송에서 이름을 만만하게 부르지 말라는 충고라도 한 듯 각자 집으로 가면서는 정윤희 씨, 이정숙 씨 하고 있었다. 많은 사람들 속에서 지적할 형편이 아니라 그대로 듣고 헤어지고 말았다.

그러고 한참을 지난 어제다. 우리는 만남이 있을 때는 되도록 장소를 문학기행지로 택하는데, 이번에는 강원도 지리를 잘 아는 친구가 김유정 문학관으로 정해 한달음에 달려갔다.

늦봄의 신록을 헤치고 들어선 문학관. 전국에서 모여든 학생들과 관람객이 붐비고 있었다. 작가는 고인이 되어서도 작품 속에서는 살아 숨 쉬는 것 같아 어느 한 곳도 눈을 뗄 수가 없었다. 이곳저곳을 꼼꼼히 살펴보며 해설사의 해설도 듣고 주변 지리까지 둘러보는 여유를 즐겼다. 점심을 먹고는 예약해 놓은 레일바이크를 타는 곳으로 갔다.

햇볕이 쨍쨍거리는 철길, 처음 타보는 레일바이크는 세상 어디에도 없는 놀이기구였다. 온 힘을 다해 페달을 밟았고 깔깔거리는 웃음도 그치지 않았다. 한 치 앞이 안 보이는 캄캄한 굴속에서는 귀신이 나올 것 같아 벌벌 떨기도 했지만 무사히 나와서는 서로의 눈빛에 안도감이 서려 있기도 했다.

긴 시간은 아니어도 정말 오진 재미였다. 중간 휴게소에서 휴식을 취하고 낭만 열차로 갈아탔을 때도 흥분은 가라앉지 않았고 열차는 이름처럼 낭만을 느끼기에 손색이 없었다. 일반 열차와는 달리 양쪽이 훤히 트여 있어 더 그랬다. 물이 오를 대로 오른 수

목이 늘어뜨린 가지를 열차 안을 덮칠 것 같아 내내 환호성을 지르면서 이 좋은 순간에 작은 게임이라도 한번 해보지 않겠느냐는 말도 나왔다.

다들 그러자고 웃어 젖혔고 뭐가 그리 간절했던지 이름 부르기가 먼저 나왔다. 그러자 맨 오른쪽 친구는 순서대로 박정애 씨, 김혜영 씨. 그때였다. 약속이라도 한 듯 몇 년 전 제주에서의 기억을 떠올렸고 이름 두 자로만 부르자고 웅성댔다. 총무는 기회가 왔다는 듯 존칭이 나오면 벌금을 받을 거라고 엄포를 놓았고 아무도 불만을 토로하지 않았다. 그러자 지난번은 벌금 액수가 커 실패를 했다며 이번에는 천 원으로 정하겠단다.

그런데 총무가 그 벌칙에 금방 걸려들어 진짜 지폐가 나왔다. 작은 액수라도 돈 앞에서 약해지는 게 사람일까. 모두 긴장하는 눈치였다. 그런데도 반 시간도 안 돼 삼천 원이 걷혔다. 돈만 걷힌 게 아니고 앞뒤 사람들의 관심도 쏠렸다. 좌석 두 줄을 차지한 우리가 아이들처럼 이름을 돌아가면서 불러대니 엿듣기에 흥미로운 모양이었다.

굳어진 입에서 두 자의 이름이 술술 나오진 않았지만 한 명도 빼먹지 않고 불러보겠다는 표정은 감출 수 없었다. 제일 어린 총무가 지갑에 자꾸 손이 갈 것 같아 안타깝긴 하지만 이 약속이 오래도록 지켜지면 두 번째 도전은 영원한 자리매김을 할 것 같다.

(2018. 8)

빠른 세상

일간지 광고란이 온통 어린아이들이다. 지하철을 타도 그렇다. 차내 방송에서도 분홍 좌석은 임산부를 위한 자리라고 수시로 귀를 자극한다. 인구 감소가 환경을 바꿀 만큼 심각하다는 것은 누구나 안다. 이런 세상에서 아이를 낳으면 대우를 받을 텐데, 내 또래 연령대에게는 자식 낳는 것도 수치였다.

산아제한이 한창이던 시절, 남매를 키우고 있던 우리도 정부 시책에 따르기로 마음을 먹었다. 그런데 원하지도 않던 아이가 생겼다. 뱃속에서 꼬물거리는 생명을 두고 부단히도 고민하다가 하는 수 없이 낳는 길을 택했다.

그러던 중 산달을 한 달 앞두고 갑자기 시댁 집안에 큰 어른이 돌아가셨다는 연락이 왔다. 고만고만한 아이들과 배불뚝이 나. 어떻게 가야 할지가 문제였다. 남편이 같이 갈 수만 있으면 별문제가 없었겠지만 그 당시는 직장에서 가까운 친척이 돌아가셨다고 휴가를 주지는 않았다. 주말을 하루 앞두고 있었지만 집안에 큰 초상이 났는데 몇 시간이라도 늦출 수는 없었고 궁리 끝에 남편은 다음 날 내려오기로 하고 내가 먼저 가기로 마음을 굳혔다.

어린것들을 데리고 수원역으로 갔다. 희미한 불이 켜진 역 대합실, 무쇠난로 위에서 김이 모락모락 나는 물주전자가 우리를 반겼다. 두 아이를 난로 옆에 앉혀놓고 차표를 파는 곳으로 뒤뚱뒤뚱 걸어갔다. 구멍이 송송 난 유리 하나를 앞에 두고 앉은 역무원은 나를 빤히 쳐다보면서 "어쩌지요, 입석뿐인데." 하며 고개를 설레설레 저었다. 가슴이 철렁 내려앉았다. "아니, 이 어린 것들을 데리고 밤새도록 가야 하는 길을…" 울컥 서러웠다.

역무원의 미안함이 묻어있는 차표를 주머니에 넣고 난롯불에 손을 쬐며 오늘 밤 기차는 바퀴가 아닌 날개를 달고 나타났으면 하는, 세상 어느 법칙에도 없는 바람을 나는 하고 있었다. 두 시간이 지나자 큰소리를 지르며 나타난 기차는 얼른 안 타면 가겠다는 듯이 씩씩댔다. 아장거리는 아이들을 한꺼번에 두 손목을 잡고 끌다시피 하여 기차에 올랐다.

담배 연기가 자욱한 기차 안은 서울에서 타고 온 사람들이 거의 좌석을 메우고 가끔 빈자리가 있었다. 철모르는 아이들은 "엄마, 여기 앉아." 하며 내 손을 끌었고 우리는 마치 좌석 표를 끊은 것처럼 덥석덥석 앉았다. 몇 분이나 갔을까. 자리 주인은 차표에 쓰인 알량한 숫자를 보여주며 빨리 일어서기를 재촉했고 우린 또 다른 빈자리를 찾아 헤맸다. 잔칫집에 떡 얻으러 가는 식구들처럼 우르르 몰려다니니 자연히 사람들의 눈길은 우리를 따라왔다.

그러다 차가 충청도 땅에 들어서니 아예 빈자리라곤 찾아볼 수가 없었고 그때부터 좁은 통로에 주인처럼 앉아야 했다. 아이가 둘이나 있는데 배까지 부르니 외면받는 건 당연한데 외쳐대는 기차마저 유달리 덜컹대며 냉정하게 굴었다. 산아제한이란 말이 눈만 뜨면 거론되는 마당이라 하룻밤 타는 기차도 세상 흐름을 그대로 보여주었다.

사실 우리도 세상 흐름에 따르려는 참이었다. 그런데 병원 가는 문화가 발달하지 않은 탓도 있었겠지만 무섭기도 하고 두려웠다. 갑작스러운 비보가 와 야밤에 아이들을 데리고 이런 모습을 보여줄 줄이야….

통로에 앉아 있는 것도 민폐인데 홍익회 판매원은 왜 그리 자주 지나다니던지. 작은 손수레에 오징어, 땅콩을 싣고 지나가면 골목에서 영악스럽다고 소문난 딸아이는 "엄마엄마, 엄마엄마" 하며 불러댔고 그 선한 눈빛을 한 번도 마주치지 못하고 판매원을 돌려보냈다. 돌아가신 분의 연세가 그리 많지 않아, 전혀 뜻밖에 기차 승객이 되기도 했지만 한 달 한 달 사는 그 시절 월급쟁이는 그럴 수밖에는 도리가 없었다.

차 안에서 군식구처럼 밀려다니다가 어둠이 슬슬 그칠 때쯤인 다음 날 아침 고향 역에 닿았다. 탈 때와 마찬가지로 씩씩거리는 기차는 인구 늘어난다고 화가 나는지 큰소리를 냅다 지르며 우릴 내려 주었고, 표를 받는 역무원도 시선을 두 아이에게서 떼지 못했다.

하얀 서리를 밟으며 한참을 걸어 시골 버스에 몸을 실으니 아이들은 이제 차는 그만 타겠다며 뒷걸음을 치고, 한참 후 시동을 건 버스는 자갈길을 겁도 없이 성큼성큼 삼켰다. 덜커덕거릴 적마다 배 속의 아이까지 힘든 몸짓을 했고 한 시간을 더 가서야 고향마을이 나왔다.

차에서 내리는 걸 누가 봤을까. 서울 질부 왔다고 곡소리가 나는데, 나는 그 큰 슬픔 앞에서도 내 힘에 부친 것이 더 눈물이 났다. 정이 많은 시어머님은 "우찌 왔냐" 며 안쓰러움을 감추지 못하셨고 천방지축인 아이들은 간밤의 일은 깡그리 잊고 너른 마당에 사람이 많으니 배시시 웃었다.

인구가 많아 아이들을 데리고 나서기만 해도 눈치를 본 시대가 반세기도 아직 한참이 남았는데 그새 인구 줄어든다고 온갖 법석을 떠는 걸 보면 피식 웃음이 나온다. 느리게 돌아가는 세상 어디 없나요?

(2007. 10)

4박 5일

신문 한 면을 장식한 글자들이 내 눈 안에 있었다. 걷는 거라면 어떤 일이 있어도 하루도 빼먹지 않으니 그럴 수밖에 없었다. '평창 올림픽 아리바우길 걷기 축제' 광고다. 재미가 나 두 번 세 번 읽는데 와닿는 게 있었다. 짧지도 않은 거리와 4박 5일이라는 날짜가 3, 40대도 아닌 나에게는 주어지지 않을 것 같은 예감이다. 들떴던 마음을 추스르면서 사진을 찍어 자주 드나드는 방, 몇 군데 올렸다. 바로 답이 떴다.

"좋은 정보입니다, 저도 갈래요." 등 듣기 좋은 댓글이 이어졌다. 나는 해당이 안 되니 되는 사람들이나 가라는 뜻이었는데 반응이 뜨거웠다. 평창까지 가기만 하면 모든 경비가 무료인 데다 홍보 면에 평창올림픽 축제란 문구도 있고 주최 또한 큰 신문사, 강원도, 정선군, 평창군, 강릉시이고 후원은 문화체육관광부, 한국관광공사 등 국가기관이 참여한다니 더 인기가 있을 수밖에.

남들만 가라고 하고 그냥 주저앉으려니 서운해 실낱같은 용기를 내 봤다. 컴퓨터를 열어 묻는 대로 신청서를 적기 시작한 것이다. 적다 보니 사연을 보고 뽑겠다는 말을 강조하는 걸 느낄 수 있었고 나는 더 진지하게 다가서고 있었다. 그러고는 한 달 넘게 남은 발표일은 잊어버렸다. 그런데 뜻밖에 전화가 왔다. 내가 걷기 축제에 뽑혔단다. 전국에서 우리 팀 70명을 뽑았다는데 내 이름이 들어있다니 믿기지 않았다. 흥겨움에 취해 내가 전한 사람들도 당연히 뽑혔을 거라고 단정해버렸다.

강원도 평창, 말은 많이 들어봤어도 가본 기억은 없었다. 짐을 꾸리면서도 두려웠고 기차를 타면서도 몇 번을 물었다. 나락이 물결을 이룬 누런 들녘을 보면서는 몇 시간 후에 만날 낯선 사람들이 어떤 모습일까 상상도 해봤다. 평창역에 도착하니 일행이 될 것 같아 보이는 사람들이 나 같은 가방을 끌고 셔틀버스에 올랐고 목적지 휘닉스파크 숙소에 닿았다. 반갑게 맞아주는 주최 측 직원들. 그들이 호의를 받으며 두리번거리는데, 알려주어 내게 고맙다고 한 사람들은 한 명도 보이지 않았다. 고개를 갸우뚱하면서 입회식에 참여했고 주최 측에서 나눠준 잠바와 모자를 받으면서도 그 사람들은 왜 안 뽑혔지 싶었다. 글도 잘 쓰고 산도 잘 타는데….

초등학교 2학년에서부터 80대까지 다양한 사람들과 미팅을 하면서도 그들은 내 머릿속에 있었다. 진행을 하는 신문사 기자는 '신청자가 의외로 많아 사연을 세심하게 읽어 가려냈다' 고, 오신 분들은 10대 1의 경쟁률을 뚫은 사람들이라고.

809호, 내가 묵을 방이었다. 네 명이 한방 식구였는데 연령대는 비슷했다. 출입구에 들어설 때 가수가 한 사람 왔다고 소문이 돌더니, 그 가수도 우리 방이었다. 짐을 푸는데 걷는 걸 좋아하는 사람들은 역시 달랐다. 서로 조금이라도 환경이 나아 보이는 방을 양보하려 들었고 화장실 사용도 우선보다 배려가 먼저였다. 네 사람이 다 사는 곳은 달랐지만, 그중 두 사람은 여고 동창인데 뜻밖에 그곳에서 만났단다. 그러니 자연히 그들은 한방을 쓰게 되었고 나와 가수는 건넌방 주인으로 이름을 달았다.

편안하게 하룻밤을 묵고 날이 새 커튼을 거두니 "야!" 소리가 저절로 나왔다. 경치가 장관이다. 스키장이 턱 앞으로 다가와 있고 가을 물이 밴 나무들이 간밤 문안 인사를 서로 하겠다고 얼굴을 내미는 듯하다. 무슨 말로서 감탄사를 토해냈는지 기억은 없지만 입을 다물지 못한 건 잊지 못한다. 영리한 휴대전화에 2019년 10월 9일의 해 뜨기 전 아침을 담고 식당으로 갔다. 겨우 하루

전 만났지만 사람들은 구면처럼 인사를 하며 밥을 먹었다. 계절을 앞선 날씨 탓에 옷을 겹겹이 걸치고 간단한 출발 식이 있는 곳으로 갔다. 지역 유지분들과 주최 측 관계자들, 함께할 70여 명. 행사장이 빼곡했다.

식이 끝나고 앞에서 길 안내를 할 대장님은 이번 걷기는 경쟁이 아니고 함께하는 데 의미가 있다는 말씀을 수차례 하셨고 앞뒤에서 발을 맞출 진행요원들도 아이들부터 손을 잡았다. 똑같은 옷을 입고 줄을 지어 걸으니 보기도 좋은데 단풍이 곱게 든 숲은 전국에서 온 사람들을 구경이라도 하듯 길을 가로막았다. 사진도 찍고 숨을 고르기도 하고, 짝꿍을 놓치지 않으려고 헐떡이기도 하며 처음이자 마지막일지 모르는 길 위에 발자국을 남기기에 여념이 없었다. 세상 이치가 그러하듯 길이라고 어찌 사연이 없겠는가. 그곳 해설사 선생님은 숲속에 무리 지어 자란 파란 속새를 시작으로 주변 식물과 전설을 설명해 주시는데 풀 한 포기에도 수많은 사연이 있었다. 앞다투어 질문을 쏟아내는 사람들. 긴 설명은 땀이 끈끈한 손으로 볼펜을 쥐고 적어야 했고 재미는 시간과 함께 늘어갔다. 단풍나무가 유난히 햇살에 반짝이는 그늘 아래서는 도시락을 받고 방 식구들과 나뭇등걸을 깔고 앉아 밥을 먹었다. 다람쥐가 사람 소리를 듣고 머리 위 나뭇가지에서 밥 먹는 구경을 하는, 생에 두 번 다시 볼 수 없는 광경도 보고 자연과 사람이 하나이듯 우리도 쓰레기 하나 흘리지 않는 아름다운 인간미를 다람쥐에게 보여주며 산을 내려왔다.

아스라이 놓인 신작로는 옛 대관령 고갯길이었다. 요즘은 새 고속도로가 생겨 자주 이용하지는 않지만 자동차 소리는 끊이지 않았다. 제일 높아 보이는 곳에 서서 저 멀리 보이는 강릉 시내며, 굽이굽이 산모롱이, 누런 물이 든 들녘, 웬만한 곳은 다 눈에 들어와 저마다의 생각으로 주변을 익히기에 바빴다. 또 어떤 이는 손가락으로 가리키며 눈이 가는 곳을 어디냐고 물었고 지리를 잘 아는 일행은 쉴 새 없이 답하느라 강원도 사투리까지 튀어나왔다.

남은 길이 있어서 걷기는 다시 시작되었고 내리막이 많아 미끄러움에 조심을 해야 했다. 나는 잠시 문화재 청장님과 발을 맞출 기회가 있었다. 용모가 단정하신 청장님은 처음 뵌 분이지만 오랜만에 만난 여동생 같아 몇 마디 담소도 나누었다. 그런데 우리 모습에 자연이 시기심이 났을까. 어딘가에서 물소리가 들리기 시작했다. 깊은 골짜기에서 나는 물소리. 아무리 말을 끊기 어려운 순간이라도 은연중에 마음은 물소리에 끌려갔고 발은 물을 향해 가고 있었다. 여기저기서 야! 소리가 터지면서 앞을 향하기보다 멈춰서 봐야 했는데, 손에는 간식으로 받은 초콜릿이 잡혔다. 금강산도 식후경이라고, 입안에 넣은 후에 물 구경이 시작되었다.

첩첩 산골 너른 계곡, 어린 시절 내가 자란 마을 앞 큰 시내나 다름없었다. 찰랑찰랑 물소리는 숲속을 파고들고 무슨 말을 해야 할지를 몰라 멍하기만 한데 국어 시간에 들은 무릉도원이 떠올랐다. 물과 나무, 인가가 보이지 않은 산중에 새소리, 바람 소리, 거기에다 부족함이 없이 흐르는 물, 중국 송나라 때의 시인 도연명이 아니라도 별천지라고 말하고 싶었다. 인간의 권세가 아무리 위대해도 이런 자연을 따르겠는가. 한참을 서성이다 집에 있는 식구들에게도 보여 주고 싶어 동영상도 찍었다. 어떤 짓을 해도 물소리가 다 덮어줄 것 같은 산골, 바위에 앉아서 시도 아니고 산문도 아닌 낱말 몇 자를 읊조리게 되었다. 마음이 붕 뜨는 것 같은데 눈치 빠른 옆 사람이 카메라를 들이대 웃음도 물소리를 따라 킥킥댔다.

조선 선조 때 송강 정철이 강원도 관찰사로 발탁되면서 이곳을 배경으로 관동별곡을 지었다고 한다. 빼어난 경관을 벗삼아 시를 짓고 읊조렸다니…. 가사 문학 공부를 할 때 시험에 나올까 봐 참 열심히 외운 그 가사의 시발점에 서 있다는 것도 놀라지 않을 수 없었다. 나는 대장님께 계곡 넓은 돌이 자연석이냐고 물었다. 한 치의 망설임도 없이 "그럼요" 하는 말에 천혜의 자연이 이토록 멋진가 하고 또 한 번 감탄했다. 그런 감동 속에서 길 끝을 만나고 장장 10km가 넘는 장거리를 소화해 낸 순간이었다.

숙소가 바뀐 이튿날은 어제와는 다른 방 식구들과 함께하게 되어 하룻밤 새 딴살림을 차린 격이었다. 사람과 잘 어울리는 내 성격이라 짧은 시간 한 식구가 되는 것은 두렵지 않았고 이런저런 얘기를 하며 놀았다. 아침에는 동쪽 하늘을 붉게 물들이며 막 솟는 해를 찍느라 낮은 기온인데도 창문을 활짝 열어젖혔고, 장엄한 해는 불꽃처럼 일렁였다. 사람들이 해돋이를 보기 위해 도로가 밀려도 강원도로 가는 이유를 알 수 있었다.

식사를 하고 우리는 다시 짐을 챙겨 첫날 숙소로 갈 채비를 하고 차에 올랐다. 차는 큰 관광버스 몇 대와 앰뷸런스 한 대였다. 얼핏 듣기에는 걷는데 무슨 차, 싶겠지만 지역 특성상 조금씩 이동 수단이 필요했었다. 또 갑자기 못 걷는 사람이 생길 경우를 고려해서 주최 측에서 차는 언제든지 가까운 곳에 대기시켜 놓았다.

길은 어제처럼 호락호락하지 않았다. 오르막도 아이들이 걷기에는 가파르고 산세도 험했다. 그래도 훤칠한 소나무는 보란 듯서 있었다. 쭉쭉 뻗은 적송들은 계속 이어졌고 상큼한 공기도 숨

소리를 따라 내 안으로 들어왔다. 체력이 소진돼 숨을 몰아쉬는 사람들은 잠깐 앉기도 했지만 초등학교 2학년 아이와 5학년 아이는 대학생 언니의 손목을 잡고 잘도 걸었다. 아슬아슬한 길도 큰 탈 없이 전진해갔다.

한 모롱이 오르고 어느 지점에 가니 '어명정' 정자가 나왔다. 작은 정자는 바닥에 유리를 깔았는데, 대장님의 설명을 듣고 유리가 놓이게 된 동기를 알 수 있었다. 유리 밑에 장정 한 아름보다 큰 그루터기가 들어있었다. 광화문 복원할 때 사용한 나무의 밑동이라 보존하는 차원이랬다. 어마어마한 크기는 사람마다 입을 벌리게 했다.

자를 때는 산신께 제를 지냈다고도 한다. 도끼를 든 사람이 큰 소리로 "어명이오" 하고 내리쳤단다. 즉 큰 나무를 자르려면 임금의 영이 내려져야 했다는 것이다. 기둥 하나에 얽힌 얘기지만 신기하지 않을 수 없었고 서울 가면 광화문에 가봐야지 하는 없던 생각이 그 자리에서 들었다. 산중에서 어떤 통로로 그 큰 나무를 옮겼는지는 상상으로조차 가늠이 안 가, 질문은 계속 이어졌다.

마냥 의문만 풀고 있을 때가 아니라며 대장님은 일어서셨고 또다시 소나무가 내어주는 길을 따라 걸었다. 어느 정도 갔을까. 난데없이 빨간색과 파란색으로 줄이 쳐진 곳이 나타났다. 대장님은 빨간색 줄은 송이버섯이 자라고 있다는 뜻이고 파란색은 보호 차원으로 들어가지 말라는 표시라고 했다. 살면서 수많은 주의사항을 듣고 살았지만 소나무가 울창한 숲속의 나일론 끈으로 쳐진 줄에 그런 의미가 있었다는 것은 처음 듣는 소리라 신기하지 않을 수 없었다.

그래도 마음만 먹으면 얼마든지 송이버섯을 채취할 수 있을 듯 보였지만, 여리고 여린 줄 하나에 엄격한 규칙을 지키는 그곳 사람들의 약속이 돋보였다. 버섯도 버섯이지만 밤도 많았다. 발질에 밟히는 것만 주워도 주머니가 불룩할 것 같았다. 밤은 크게 주의를 주지 않는 것 같아 줍고 싶었지만 일행을 놓치면 따라가기 힘들어 엎드렸다 서기를 겨우 몇 번 해 봤다. 몇 톨이 주머니에 숨어들었고 만지작거리면서는 다람쥐에게는 약간의 미안함도 들었다. 걷기를 통해 미안함의 의미도 가지각색이라는 걸 느낀 것이다.

점심은 어제처럼 도시락을 받았고 작은 절이 있는 곳 땅바닥에 주저앉아 먹었다. 어제에 이어 미리 준비해 간 사과는 작은 한 쪽을 먹었지만 꿀맛이었다. 어제는 장소가 오붓해 우리 방 식구만 먹으니 제법 입가심이 되었는데 사람 수가 늘어난 탓에 입맛만 다셔야 했는데도 입안이 개운했다.

일어나야 할 시간, 대장님은 오전에 몹시 지친 몇 분을 눈여겨 보았던지 힘에 부치면 차 안에 가 있어도 된다고 하셨다. 서너 분이 그 말씀에 물러섰고 우리는 다시 길을 재촉했다. 억새가 사람 한 명만 지나가게 길을 내놓고 온통 산을 덮은 곳. 키 큰 풀이 묘기를 부리는 무대 같았다. 일행 중에 네 자매가 온 형제들은 아까 큰언니가 버스로 가 억새 길을 못 본다고 아쉬워했다. 각처에서 모인 네 자매는 무리 중에 꽃이었다. 빨간 바지를 똑같이 입고 다정하기도 할뿐더러 의리도 남달랐다. 언니는 동생을 챙기고, 동생은 언니를 챙기고. 네 사람의 목소리는 우거진 숲속에서 한 편의 동화가 돼 있었다. 그들의 정겨움에 길이 줄어들고 억새 길이 끊기자 험한 내리막이 나왔다. 동생은 그새 언니가 돌아가길 잘했다고 해 불과 몇 분 사이 희비가 엇갈렸다.

서울에서 온 2학년의 엄마는 아이를 붙잡고 걷느라 온몸이 땀에 절어 있었다. 풀잎을 잡다, 나뭇가지를 잡다, 조심스럽게 발을 옮기다 안전장치가 될 만한 건 다 동원하는 것 같아 안쓰러웠다. 행군은 힘들어도 엄마 손을 잡은 저 아이는 어떤 어려움도 헤쳐나가리라는 믿음이 은연중에 들었다. 길 끝이 보이고 어제보다 더 많이 걸었다는 주최 측 말에 나 자신에게 감사해 두 발을 살살 만져 주었다.

셋째 날, 아침부터 분위기는 달아올랐다. 차에 오르니 사과 상자가 보이고 3호 차 담당 직원은 사과 얘기를 먼저 전했다. 부산에서 오신 분이 금일봉을 내 그 돈으로 계획에 없는 사과를 나눠 먹게 되었단다. 개개인에게 나눠면서 등산가방에 강원도 사과를 넣고 걷는, 태어나서 처음 경험해 볼 일이 벌어진 것이다.

길은 이틀과는 달리 평지였다. 울창한 소나무가 빼곡한 길을 걷고 나면 작은 집도 보이고 고구마밭이며 논도 나왔다. 마을 길과 들길로 이어지는 신사임당 길. 그 길은 평지라 걷기는 수월했지만 소나무 향을 느긋하게 맡을 새는 없었다. 3일 중 제일 먼 길을 가야 했기 때문이다. 햇볕이 이글거리는 들길에서 볼을 태우며 하늘거리는 코스모스 옆을 걷고 걸었더니 오죽헌이 나왔다.

주변은 관광지로 꾸며져 있었다. 새 한옥도 멋진 기품으로 여러 채 있었다. 보기만 해도 전통미가 넘치는 한옥, 마루에 둘러앉아 도시락을 받았다. 비빔밥이었다. 별미라 환호성이 터지고 밥을 비비면서는 이틀 동안 쌓인 정에 약간의 농담도 건넬 수 있었다. 맛있는 밥에 오가는 얘기까지 참 행복한 한낮, 배도 부르고 마루에 걸친 해도 정겹고 정말 일어서기가 싫었다. 그렇지만 오죽헌이 기다리고 있어 일어나야 했다. 오죽헌, 몇 번을 관람했지만 신사임당의 뛰어난 재주 앞에서는 숙연해질 수밖에 없었고,

경건한 마음으로 경내를 둘러보았다. 만나자는 입구로 나올 때는 발이 빠른 사람들이 벌써 모여 있어 늦지 않으려고 가방끈을 부여잡고 뛰었다.

긴 줄의 행진. 호숫가에는 얼마 전 지나간 태풍이 뒤엎어 놓은 길이 어수선했다. 끊겨 있는 다리, 내동댕이쳐진 나룻배, 온 주변이 형편없는 몰골이었다. 가까스로 다리를 건너고 둑길을 걸었다. 줄지어 선 흰 잠바와 모자가 보기 좋게 바람에 휘날리는 걸 보며 작은 바람 막도 없는 길임을 고스란히 느꼈다. 그러니 태풍이 마음대로 휘저은 것 같았다.

드디어 도착한 경포해수욕장, 늦가을 모래는 경포여서 더 좋았다. 발가락 사이로 비집고 드는 모래를 발을 옮길 때마다 털어내며, 사람들은 너나 할 것 없이 맨발로 파도를 맞았다. 하얀 포말이 꿈처럼 쌓였다가 금세 사라지는 그 모래밭. 쭈뼛쭈뼛하기보다 바닷가 노래가 여기저기서 흘러나왔고 필름은 쉴 새 없이 돌아갔다. 나도 놓칠세라 방 식구와 나란히 앉아 휴대전화에 그 순간을 담았다. '왱 왱' 들리는 호루라기 소리, 단체 사진을 찍을 거란다. 빠지면 안 될 듯이 모여들었고 찍고 나니 대장님이 걷기는 여기까지라고 하셨다. 서운함이 돌았지만 3일의 정이 그대로 살아나 정담을 나누며 버스에 올랐다.

작별의 밤, 큰 피아노 앞에 앉은 여인은 일행 중 한 명이었다. 등산복 아래 피아니스트가 숨어 있었던 건 아무도 몰랐다. 내 짝꿍 가수는 첫날 산중 음악회에서도 노래를 불러 큰 박수를 받았는데 또 무대를 달굴 모양이다. 주최 측의 마지막 인사, 무르익은 분위기, 무엇 하나 감동이 아닌 건 없었다. 생애 두 번도 못 만날 사람들이지만 손을 놓기 싫어 양손으로 잡았고 '만남' 노래를 부를 땐 눈물이 핑 돌아 눈가를 훔치는 이들도 많았다.

앞뒤를 에워싸고 철저한 안전을 강조한 주최 측도 고마웠고, 끝까지 하나로 뭉쳐준 참가자들의 높은 생활 의식도 마음을 짠하게 했다. 걷기에서 만난 바람, 파도, 단풍, 아름드리 소나무 등은 힘들고 어려울 때 나를 일으켜 세울 것이다. 실낱같은 용기로 지원을 했지만 큰 결실을 거둔 평창 아리바우길 걷기 축제, 수려한 강원도의 경치에 묻혀 단 한 번 만난 사람들과 사랑하는 법을 원없이 배운 4박 5일이었다.

(2019. 10)

아름다운 몸부림

1판 1쇄 발행 2020년 10월 28일

지은이 강병숙
펴낸이 김재선

편 집 심영지
디자인 조신정
펴낸곳 예솔
주소 서울시 마포구 양화로 6길 9-24 동우빌딩 4층
전화 02-3142-1663(영업), 335-1662(편집) **팩스** 02-335-1643
출판등록 제2002-000080호(2002.3.21)
홈페이지 www.yesolpress.com **E-mail** yesolpress@naver.com

ISBN 978-89-5916-858-3 03040
* 책값은 뒤표지에 표시되어 있습니다.